Д-р Церок Ли

Бог Исцелитель

[ГОСПОД] кажал, „Ако обрнуваш искрено внимание на гласот на ГОСПОДА твојот Бог, и ако го правиш она што е праведно пред очите Негови, и ако ги слушаш Неговите заповеди, и ги зачувуваш сите Негови закони, Јас нема да ти пратам ниедна од болестите кои што им ги испратив на Египјаните; бидејќи Јас, ГОСПОД сум твојот исцелител" (Исход 15:26).

Бог Исцелител од Д-р Церок Ли
Објавена од страна на Urim Books (Претседател: Johnny.H. Kim)
361-66, Шиндаебанг Донг, Донгјак Гу, Сеул Кореја
www.urimbooks.com

Сите права се задржани. Оваа книга или некои нејзини делови, не смеат да бидат репродуцирани во било која форма, да се чуваат во обновувачки систем, или да бидат пренесувани во било каква форма или преку било какви средства, електронски, механички, преку фотокопирање, снимање или на некој друг начин, без претходна писмена дозвола од страна на издавачот.

Copyright © 2014 Д-р Церок Ли
ISBN: 979-11-263-1155-2 03230
Translation Copyright © 2013 Д-р Естер К. Чунг. Користени со дозвола.

Претходно објавено на корејски од страна на Урим Книги во 1992

За Прв пат објавена во може 2014

Уредено од страна на Д-р Геумсун Вин
Дизајнирано од Уредничкото Биро на Urim Books
За повеќе информации, контактирајте на urimbook@hotmail.com.

Пораката За Изданието

Како што материјалната цивилизација и просперитетот продолжуваат да напредуваат и да се зголемуваат, ние денеска можеме да видиме дека луѓето имаат сé повеќе слободно време и средства за трошење. Понатаму, за да успеат да имаат што поздрав и комфорен живот, луѓето инвестираат време, пари и посветуваат повеќе внимание кон разни корисни информации.

Сепак, бидејќи човечкиот живот, стареењето, болестите и смртта паѓаат под суверенитетот на Бога, тие не можат да бидат контролирани со моќта на парите или пак на знаењето. Како дополнение, неспорен е фактот дека и покрај високо софистицираната медицинска наука, која што е продуцирана од страна на човечкото знаење кое што било акумулирано во текот на вековите, бројот на пациентите кои што страдаат од неизлечливи болести постепено расте.

Во текот на светската историја имало голем број на луѓе од различни вероисповести и знаење – вклучувајќи ги тука и Буда и Конфучие – но сите тие стоеле молкум кога ќе се соочеле со ова прашање и никој од нив не бил во состојба да ги избегне стареењето, болестите и смртта. Ова прашање е поврзано со гревот и со прашањето во врска со човечкото спасение, а ниедно од нив не може да биде решено од страна на човекот.

Денеска постојат голем број на болници и аптеки кои што се лесно достапни и навидум подготвени да го направат нашето општество здраво и ослободено од болестите. Но сепак, нашите тела и светот постојано се на ударот на разните болести, почнувајќи од обичниот грип па сé до некои болести со неидентификувано потекло и видови, за кои што изгледа дека нема лек. Луѓето се навистина брзи во префрлањето на вината за ваквата ситуација на климатските промени и на животната средина, или пак многу лесно ги прифаќаат ваквите појави како еден природен и физиолошки феномен и се потпираат на лековите и на медицинската технологија.

Со цел да го примиме основното излекување и да водиме еден здрав живот, секој од нас мора да свати од каде изворно доаѓаат болестите и на кој начин би можеле да се здобиеме со исцелувањето. Кај евангелието и вистината секогаш има само две страни: клетвите и казните се резервирани за оние луѓе кои што не ги прифаќаат нив, а оние луѓе пак, кои што ги прифаќаат ги очекуваат благослови и живот. Божја волја е да вистината биде скриена од оние кои што, како Фарисеите и учителите на законот, се сметале себеси за мудри и интелегентни; а исто така е Божја волја таа да им се открива на оние кои што се како деца, кои што ја имаат желбата за вистината и кои што ги отвараат нивните срца кон неа (Лука 10:21).

Бог јасно им ги ветил благословите на оние луѓе кои што се повинуваат и кои што живеат според Неговите заповеди, додека пак за оние кои што не ги почитуваат Неговите заповеди, во детали се запишани клетвите и сите видови на болести кои што ќе им се нанесат (Повторени Закони 28:1-68).

Потсетувајќи ги на Божјото Слово и неверниците и оние верници кои што го превидуваат истото, ова дело се насочува кон поставувањто на таквите личности на вистинската патека кон ослободувањето од болестите и заразите.

Се молам во името на Господа да секој од вас го добие спасението и исцелувањето на болестите, големи и мали, и здравјето секогаш да престојува во вас и во вашите семејства, преку силата на Богот на спасението и на исцелувањето, онолку колку што ќе го слушате, читате, разбирате и ќе го направите ваш леб насушен Словото Божјо!

Церок Ли

Содржина

Пораката За Изданието

Глава 1
Потеклото На Болестите И Зракот На Излекувањето   1

Глава 2
Дали Сакаш Да Оздравиш?   15

Глава 3
Бог Исцелител   37

Глава 4

Преку Неговото Камшикување Ние Сме Биле Излекувани   53

Глава 5

Силата Да Се Лекуваат Слабостите   73

Глава 6

Начините На Кои Што Се Лекуваат Опседнатите Со Демони   89

Глава 7

Верата И Послушноста На Лепрозниот Нееман   109

Глава 1

Потеклото На Болестите И Зракот На Излекувањето

Малахија 4:2

А за вас, кои се плашите од името Мое, ќе изгрее сонцето на правдата, со исцелението во крилјата негови; и вие ќе излезете и ќе се разиграте како нахранетите теленца од шталата.

Основната Причина На Болеста

Поради желбата на луѓето да живеат шо посреќен и поздрав живот додека се тука на земјата, тие консумираат секаков вид на храна која што е позната по тоа дека му помага на здравјето и обрнуваат големо внимание и ги бараат тајните методи да дојдат до тоа. И покрај напредокот на материјалната цивилизација и на медицинската наука, сепак, реалноста ни покажува дека страдањето од неизлечивите и смртоносни болести не може да биде спречено.

Дали човекот не може да се ослободи од агонијата на болестите за време на неговиот престој тука на земјата?

Голем број од луѓето, многу бргу ја префрлаат вината за ваквата состојба кон климата и животната средина, или пак едноставно ја сметаат болеста како еден природен или физиолошки феномен, па својата доверба ја ставаат во лековите и медицинската технологија. Но ако успееме да го одредиме изворот на сите видови на болести и зарази, тогаш секој поединец би можел да биде излекуван од нив.

Библијата ни ги презентира основните начини со кои што една личност би можела да го проживее животот ослободен од болестите, или пак дури и ако се разболи, со начините преку кои што би можела да го прими излекувањето:

[ГОСПОД] кажал, „Ако обрнуваш искрено внимание на

гласот на ГОСПОДА твојот Бог, и ако го правиш она што е праведно пред очите Негови, и ако ги слушаш Неговите заповеди, и ги зачувуваш сите Негови закони, Јас нема да ти пратам ниедна од болестите кои што им ги испратив на Египјаните; бидејќи Јас, ГОСПОД сум твојот исцелител" (Исход 15:26).

Ова е верното Слово на Бога, кој што го контролира човечкиот живот, смртта, клетвите и благословите, кои што лично ни се даваат.

Што тогаш претставува болеста и зошто еден човек се заразува од неа? Како медицински термин, терминот „болест" се однесува на сите видови на хендикепи, на различните делови од телото – на невообичаената или абнормална здравствена ситуација – и најчесто се развива и се шири од страна на бактериите. Со други зборови, болеста е една абнормална ситуација на телото, предизвикана од страна на отров или бактерија кои што ја предизвикуваат истата.

Во Исход 9:8-9 ни е даден опис на процесот кога епидемија на чиреви требало да биде донесена во Египет:

Тогаш ГОСПОД им кажа на Мојсеја и на Арона, „Земете си за себе грст пепел од печката и тогаш Мојсеј нека го фрли кон небото пред очите на Фараонот. Таа ќе стане како една убава прашина над целата земја Египетска, и ќе им предизвика чиреви кои што пукаат и се претвораат во рани на сите луѓе и ѕверови, низ целата земја Египетска."

Во Исход 11:4-7, можеме да прочитаме дека Бог прави разлика помеѓу луѓето од Израел и луѓето од Египет. За Израелците кои што го почитуваат Бога нема да има зараза, додека пак за Египјаните кои што ниту го почитуваат Бога, ниту пак живеат според Неговата волја, ќе им се случи зараза на нивните првородени.

Преку Библијата можеме да научиме дека дури и болестите спаѓаат под суверенитетот на Бога, па така Тој ги заштитува оние кои што длабоко го почитуваат Него и дека болестите ќе ги нападнат оние кои што грешат, бидејќи тогаш Тој ќе го одврати Неговото лице од таквите личности.

Зошто тогаш постојат болестите и страдањата кои што тие ги носат? Дали тоа значи дека Бог Создателот ги создал болестите во времето на создавањето, па така што луѓето да можат да живеат во опасноста од нив? Бог Создателот го создал човекот и сето што се наоѓа во универзумот, во добрина, праведност и љубов.

Во Битие 1:26-28 е запишано како што следи:

Тогаш Бог кажа, „Ајде да направиме човек по Нашиот изглед, во согласност со Нашето подобие; и нека владее над рибите во морето и над птиците на небото и над добитокот и над целата земја, и над секое нешто што лази по земјата." Бог го создал човека по Својот лик, по ликот на Бога Тој го создал него; машко и женско Тој ги има создадено. Бог ги благословил; и Бог им кажал, „Бидете плодни и множете се, наполнете ја земјата, и покорете ја; и владејте над рибите во морето и над птиците на небото и над секое живо суштество кое што се движи по земјата."

По создавањето на најсоодветната животна средина за луѓето (Битие 1:3-25), Бог ги создал луѓето по Својот сопствен лик, ги благословил и им ја дозволил најголемата слобода и авторитет.

Како што поминувало времето луѓето слободно уживале во од Бога дадените благослови, почитувајќи ги Неговите заповеди и живеејќи во Градината Едемска, во која што не постојат солзи, тага, страдање и болести. Кога Бог видел дека сето што го направил било многу добро (Битие 1:31), тогаш Тој ја дал оваа заповед: „Од плодовите на дрвјата во градината можете слободно да јадете; но од плодот на дрвото на познавањето на доброто и злото немојте да јадете, бидејќи во денот кога ќе вкусите од него, вие сигурно ќе умрете" (Битие 2:16-17).

Сепак кога лукавата змија видела дека луѓето не ја запазиле Божјата заповед во нивните умови, туку ја запоставиле, тогаш змијата ја искушала Ева, жената на првиот човек кој што бил создаден. Кога Адам и Ева изеле од плодот на дрвото за познавањето на доброто и на злото и со тоа згрешиле (Битие 3:1-6), како што Бог и ги предупредил, смртта навлегла во луѓето (Римјаните 6:23).

По извршувањето на гревот на непокорувањето и по

примањето на платата за гревот и соочувањето со смртта, духот на човекот – неговиот господар – исто така умрел, па така и заедничарењето помеѓу човекот и Бога престанало да постои. Тие тогаш биле избркани од Градината Едемска и почнале да живеат во солзи, тага, страдање, болести и смрт. Бидејќи сето што се наоѓало на земјата било исто така проколнато, земјата давала трње и троскот и само преку потта од нивните чела тие можеле да се прехранат. (Битие 3:16-24).

Затоа основната причина за болестите се наоѓа во изворниот грев направен од страна на Адама со неговото непочитување. Ако Адам не покажал непослушност кон Божјата заповед, тој немало да биде истеран од Градината Едемска, туку ќе си живеел еден здрав и убав живот во вечноста. Со други зборови, преку гревот на еден човек сите луѓе станале грешници, па сходно на тоа и паднале во животот полн со опасности од страдањата предизвикани од големиот број на болести. Тоа значи дека без решавањето на проблемот со гревот, никој нема да може да биде прогласен за праведен пред Бога, придржувајќи му се на законот (Римјаните 3:20).

Сонцето На Правдата Со Исцелението Во Крилјата Негови

Малахија 4:2 ни кажува дека, „А за вас, кои се плашите од

името Мое, ќе изгрее сонцето на правдата, со исцелението во крилјата негови; и вие ќе излезете и ќе се разиграте како нахранетите теленца од шталата." Тука фразата, „сонцето на правдата" се однесува на Месијата.

Гледајќи го човештвото како оди по патеката на уништувањето и на страдањето од болестите, Бог се сожалил и не искупил од гревовите низ Исуса Христа, кого што го има припремено, дозволувајќи да биде распнат на крстот и да се пролее сета Негова крв. Затоа секој кој што го прифатил Исуса Христа, ја примил прошката за гревовите и го достигнал спасението, ќе може да биде ослободен од болестите и да живее здрав живот. Според клетвата фрлена на сите нешта, човекот требало да го живее животот во опасноста од болестите сѐ додека во него имало здив воздух, но според љубовта и милоста Божја, патот на ослободувањето од болестите сега бил отворен.

Кога чедата Божји ќе му се спротивставуваат на гревот до точката на пролевањето на крв (Евреите 12:4) и кога ќе живеат според Неговото Слово, тогаш Тој ќе ги заштитува со Неговите очи, кои што се како пламнатиот оган и ќе ги штити со огнениот ѕид на Светиот Дух, така што никаков отров од воздухот не би можел никогаш да им навлезе во нивните тела. Дури и ако некој падне болен, кога ќе се покае и ќе се одврати од неговите погрешни патишта, тогаш Бог ќе ја изгори болеста и ќе ги заздрави погодените делови од телото. Ова се нарекува заздравување со „сонцето на правдата."

Модерната медицина ја има развиено ултравиолетовата терапија, која што денеска се наоѓа во широка употреба кај спречувањето и лечењето на различните видови на болести. Ултравиолетовите зраци се високо ефективни во процесот на дезинфекција а предизвикуваат и хемиски промени во телото на човекот. Ваквиот вид на терапија може да уништи околу 99% од колон бактериите, дифтеријата и дизентеријата, а исто така е ефективна и кај туберкулозата, рахитисот, анемијата, ревматизмот и кожните болести. Но третманот кој што е така силен и корисен, како што е третманот со ултравиолетовата терапија, сепак не може да биде применет кај сите болести.

Само „сонцето на правдата со исцелението во крилјата негови" кое што е запишано во Писмото, е зракот на силата која што може да ги излекува сите болести. Зраците кои што доаѓаат од сонцето на правдата можат да бидат употребени за излекувањето на сите видови на болести и бидејќи тие можат да се применат кај сите луѓе, начинот на кој што Бог лекува е навистина едноставен но сепак целосен и во суштина најдобар.

Не долго по отворањето на мојата црква, еден пациент кој што беше на работ на смртта и кој што страдаше од неиздржливи болки поради парализа и рак, беше донесен кај мене на носила. Тој не беше во состојба да зборува поради тоа што јазикот му беше укочен а и не беше во состојба воопшто да го мрда неговото тело поради тоа што тоа станало парализирано. Бидејќи докторите веќе се беа откажале од овој случај, жената на пациентот, која што веруваше во силата на Бога, го повикала својот маж да стави сé во Божји раце. По сваќањето на фактот дека единствениот начин да се одржи во живот е во приврзувањето и молењето кон Бога, пациентот се обидуваше да обожува дури и кога лежеше а неговата жена исто така искрено се молеше во вера и љубов. Кога ја видов верата кај нив и јас исто така почнав ревносно да се молам за тој човек. Набргу потоа, човекот кој што претходно ја имаше прогонувано својата жена поради верувањето во Исуса, се покаја раскинувајќи си го срцето, па Бог го испрати зракот на исцелувањето, изгорувајќи го телото на човекот со огнот на Светиот Дух и прочистувајќи го во целост. Алелуја! Бидејќи основната причина за болеста беше изгорена, човекот набргу потоа можеше нормално да оди и да трча, станувајќи повторно сосема здрав. Непотребно е да се спомене дека членовите на Манмин црквата му ја одадоа славата на Бога и се радуваа доживувајќи ги и искусувајќи ги ваквите вчудоневидувачки дела на Божјото исцеление.

За Вас Кои Што Длабоко Го Почитувате Моето Име

Нашиот Бог е семоќен Бог, кој што го има создадено сето што се наоѓа во универзумот преку Неговото Слово и кој што го има создадено човекот од земната прашина. Бидејќи ваквиот Бог станал нашиот Отец, дури и да паднеме болни, кога во целост ќе се потпреме на Него во верата, Тој ќе ја види и препознае нашата вера и со радост ќе не излекува. Нема ништо лошо во тоа да се биде излекуван во болницата, но Бог се радува кога Неговите чеда кои што веруваат во Неговата семоќност и сезнајност искрено ќе повикаат кон Него, ќе го примат исцелувањето и потоа ќе му ја одадат славата на Него.

Во 2 Кралеви 20:1-11 се наоѓа приказната за Езекија, кралот на Јудеа, кој што станал болен кога Асирија го нападнала неговото кралство, но го примил целосното исцелување по тридневната молитва кон Бога и си го продолжил животот за петнаесет години.

Низ Пророкот Исаија, Бог му кажал на Езекија „Спреми си ја куќата своја, бидејќи ти ќе умреш и нема да живееш" (2 Кралеви 20:1; Исаија 38:1). Со други зборови на Езекија му била изречена смртна пресуда и му било кажано да се припреми за својата смрт и да си ги среди работите во кралството и фамилијата. Сепак Езекија веднаш го завртел лицето кон ѕидот и му се помолил на ГОСПОДА (2 Кралеви 20:2). Кралот сватил дека болеста е резултат на неговиот однос кон Бога, ставил сé настрана и се решил да се моли.

Како што Езекија ревносно му се молел на Бога низ солзи, Тој тогаш му кажал и му ветил на кралот, „Јас ја слушнав твојата молитва, Јас ги видов твоите солзи; послушај, Јас ќе ти додадам петнаесет години на животот, ќе те одбранам тебе и градот од кралот на Асирија; и ќе го браням овој град" (Исаија 38:5-6). Можеме да претпоставиме колку искрено и ревносно Езекија мора да се молел кога Бог му кажал, „Јас ја слушнав твојата молитва и ги видов твоите солзи."

Бог, кој што одговорил на барањето од Езекија, во целост го излекувал кралот, така што тој можел оди до храмот на Бога во текот на три дена. Понатаму Бог му го продожил животот на Езекија за петнаесет години и поради сеќавањето на живото на Езекија, Тој го зачувал градот Ерусалим од заканите од страна на Асирија.

Бидејќи Езекија бил свесен за фактот дека прашањето на животот и смртта потпаѓа под Божјиот суверенитет, затоа молењето кон Бога имало крајна важност за него. На Бога му било угодно да ги види Езекијевото скромно срце и вера, па му ветил исцелување на кралот и кога Езекија го барал знакот за неговото исцелување, Тој дури направил да сенката се повлече наназад за десет чекора по скалите на Ахаз (2 Кралеви 20:11). Нашиот Бог е Богот на исцелувањето и е еден многу внимателен Отец, кој што им го дава она што неговите чеда го бараат од Него.

Спротивно на оваа случка, во 2 Летописи 16:12-13 можеме да видиме дека „Во триесет и девет годишното владеење кралот Аса стана болен во неговите нозе. Неговата болест беше навистина сериозна, но тој сепак не го бараше ГОСПОДА, туку своите лекари. Па така Аса заспа со неговите отци, умирајќи во четириесет и првата година од неговото владеење." Кога тој во почетокот дошол на престолот, „Аса го направи она што беше праведно во очите на ГОСПОДА, исто како и Давид неговиот татко" (1 Кралеви 15:11). Во почетокот тој бил мудар владател, но како што постепено ја губел верата во Бога и почнал сè повќе да се потпира на луѓето, така тој веќе не можел да ја прими Божјата помош.

Кога Васа, кралот на Израел, ја нападнал Јудеа, Аса се потпрел на Бен-Хадад, кралот на Арам, а не на Бога. Поради ова Аса бил укорен од страна на Ханани јасновидецот, но сепак тој не се одвратил од неговите патишата, па наместо тоа тој и го затворил јасновидецот и ги угнетувал неговите луѓе (2 Летописи 16:7-10).

Пред Аса да почне да се потпира на кралот од Арам, Бог се замешал кај армијата на Арам за да не може да ја нападне Јудеа. Од моментот кога Аса се потпрел на кралот од Арам наместо на Бога, кралот од Јудеа не можел веќе да ја прима помошта од Него. Понатаму Тој не можел да биде среќен гледајќи како Аса бара помош од лекарите наместо од Бога. Поради тој факт Аса умрел само две години откако бил нападнат од болеста на нозете. Иако Аса ја исповедал неговата вера во Бога, бидејќи не ги демонстрирал делата на верата и не успеал да се повика на Него кога имал потреба, семоќниот Бог не можел веќе ништо да направи за него.

Зракот на исцелувањето на нашиот Бог може да исцели било која болест, така што парализираните ќе можат да станат и да проодат, слепите ќе можат да прогледаат, глувите да прослушаат и мртвите да оживеат. Бидејќи Богот Исцелителот ја има неограничената сила, озбилноста на болеста не е воопшто значајна. Од болестите кои што се минорни како што е да кажеме настинката па сè до оние кои што се критични како што е ракот, за Богот Исцелителот тие се исти. Најзначајното нешто е срцето со кое што една личност пристапува пред Бога: дали е како кај Аса или како кај Езекија.

Се молам во името на Исуса Христа да вие го прифатите Исуса Христа, да го примите одговорот на проблемот со гревот, да бидете сметани праведни преку верата, да му угодите на Бога со скромното срце и вера, придружувани со делата како оние на Езекија, да примате исцелување за било која и за сите болести и секогаш да водите здрав живот!

Глава 2

Дали Сакаш Да Оздравиш?

Јован 5:5-6

Еден човек беше таму кој што беше болен веќе триесет и осум години. Кога Исус го виде како лежи таму, знаејќи дека веќе долго време е во таа состојба, Тој му кажа, „Дали сакаш да оздравиш?"

Дали Сакаш Да Оздравиш?

Постојат многу различни видови на луѓе, оние кои што претходно не го познавале Бога, кои што го бараат и кои што доаѓаат пред Него. Некои од нив доаѓаат кај Него следејќи ја својата добра совест, додека други пак го среќаваат откако ќе бидат евангелизирани. Некои други пак го среќаваат Бога откако ќе го доживеат скептицизмот на животот низ неуспесите во бизнисот или пак во фамилијарната неслога. Сепак некои од нив доаѓаат пред Него преку итното срце кое што страда од големата физичка болка или пак поради стравот од смртта.

Како што направил инвалидот кој што страдал во текот на триесет и осум години покрај базенот наречен Бетесда, за да може една личност во целост да ја заложи својата болест во рацете на Бога за да прими исцеление, таа мора тоа да го посакува над сето друго во животот.

Во Ерусалим покрај Портата на Овците, постоел еден базен кој што на еврејски јазик бил наречен „Бетесда." Тој бил опкружен со пет покриени колонади, каде што слепите, куците и парализираните луѓе се собирале и легнувале таму, поради легендата дека одвреме навреме ангелот Божји се спушта тука и ја разбранува водата. Верувањето било дека првиот кој што ќе влезел откако ќе се разбранувала водата, во базенот чие што име значело „Куќата На Милоста," ќе бил излекуван од било која болест што би можел да ја има.

Откако го видел инвалидот кој што веќе триесет и осум

години влегувал и лежел во базенот, знаејќи колку долго тој страдал, Исус го запрашал, „Дали сакаш да оздравиш?" Човекот одговорил, „Господине, немам никого кој што би можел да ме стави во базенот откако ќе се разбранува водата, туку кога доаѓам некој друг веќе зачекорува долу пред мене" (Јован 5:7). Преку овој исказ човекот му се исповедал на Господа дека иако искрено го посакувал исцелението, тој не можел сам да пристапи кон него. Нашиот Господ го видел срцето на тој човек и му кажал, „Стани, земи ја рогозината своја и оди," и човекот наеднаш бил излекуван: тој ја земал својата рогозина и проодел (Јован 5:8).

Морате Да Го Примите Исуса Христа

Човекот кој што бил инвалид во текот на триесет и осум години го сретнал Исуса Христа и во еден миг го примил излекувањето. Откако тој поверувал во Исуса Христа, изворот на вистинскиот живот, на човекот му биле простени сите гревови и тој бил излекуван од неговата болест.

Дали некои од вас страдаат од маките на болестите? Ако страдате од болестите и посакувате да дојдете пред Бога и да го примите исцелувањето, тогаш вие прво морате да го прифатите Исуса Христа, да станете Божјо чедо и да ја примите прошката, за да би можеле да ја отстраните секоја бариера која што постоела помеѓу вас и Бога. Потоа морате да поверувате дека Бог е семоќен и сезнаен и дека може да извршува секакви чуда. Морате исто така да поверувате дека Исус, преку камшикувањето кое што го примил, ве искупил за сите болести, па дури потоа кога ќе го барате излекувањето во името на Исуса Христа, тогаш ќе бидете исцелени.

Кога ќе бараме преку ваквиот вид на вера, Бог ќе ја чуе нашата молитва на верата и ќе го манифестира делото на исцелувањето. Без разлика колку долго сте ја имале или колку е критична вашата болест, осигурајте се дека ќе ги ставите сите ваши проблеми околу болеста во рацете на Бога, присеќавајќи се дека повторно ќе можете да станете цели, за еден единствен миг, кога силата на Бога ќе ве излекува.

Кога парализираниот човек претставен во Марко 2:3-12 чул дека Исус дошол во Капернаум, тој посакал да отиде пред Него. Слушајќи ги новините дека Исус излекувал многу луѓе кои што имале различни болести, дека истерувал зли духови и исцелувал лепрозни, парализираниот човек помислил дека ако и тој поверува, исто така ќе може да го прими исцелувањето. Кога парализираниот сватил дека не е во можност да пријде блиску до Исуса поради големата толпа која што се собрала околу Него, со помошта на своите пријатели тој ископал дупка низ покривот на куќата каде што Исус престојувал и ја положил својата рогозина пред Него.

Можете ли да замислите колкава била желбата на парализираниот човек да отиде пред Исуса, кога ќе видите дека го направил сето тоа? Како изреагирал Исус кога го видел парализираниот, кој што не можел да оди од едно до друго место и не можел да се приближи поради толпата насобрани луѓе, а ја покажал својата посветеност и вера преку помошта добиена од неговите пријатели? Исус не го прекорил парализираниот поради ваквото лошо-воспитано однесување, туку наместо тоа му кажал, „Сине, твоите гревови ти се простени," и му дозволил да стане и веднаш да пороóди.

Во Соломонови Изреки (Паримии) 8:17 Бог ни кажува, „Ги сакам оние кои што Ме сакаат; И оние кои што вредно Ме бараат ќе Ме најдат." Ако сакате да се ослободите од маките на болеста, вие тогаш прво треба искрено да го пожелувате исцелувањето, да верувате во силата на Бога, која што може да го реши овој проблем на болеста и да го прифатите Исуса Христа.

Морате Да Го Срушите Ѕидот На Гревот

Без разлика колку многу да верувате дека можете да бидете излекувани преку силата Божја, Тој нема да може да делува во вас ако таму постои ѕидот на гревот кој што ве одделува од Бога.

Затоа во Исаија 1:15-17, Бог ни кажува „И кога ќе ги протегате рацете во молитвата, Јас ќе ги сокријам Моите очи од вас; Да, дури и кога ќе ги умножувате молитвите, Јас нема да ве чујам. Рацете ваши се покриени со крв. Измијте се, исчистете се; Иставете го од пред очите Мои злото од делата ваши. Престанете да правите зло, научете се да правите добрина; барајте ја правдата, изобличете ги немилосрдните, заштитете ги сираците, застапувајте се за вдовиците," а потоа во следниот стих 18 Тој ветува, „Тогаш дојдете за заедно да размислиме. Гревовите ваши и да се како црвенило, како снег ќе ги избелам; Иако се гримизно црвени, како волната ќе станат бели."

Ние исто така го наоѓаме и следното во Исаија 59:1-3:

Ете, раката на ГОСПОДА не се скусила, за да не може да спасува; ниту пак увото Негово отврднало, за да не може да слуша. Но беззаконијата ваши ве разделија од вашиот Бог и гревовите ваши направија да Тој го скрие лицето Свое од вас, за да не ве чуе. Затоа што рацете ваши се осквернети со крв а прстите ваши со беззаконие; Усните ваши кажувале лаги, а јазикот ваш мрморел нечестие.

Луѓето кои што не го познале Бога и кои што не го прифатиле Исуса Христа, водејќи ги животите по свои сопствени убедувања, дури и не сваќаат дека се грешници. Кога луѓето ќе го прифатат Исуса Христа како нивниот Спасител и ќе го примат Светиот Дух на дар, тогаш Светиот Дух ќе го осуди светот на вината, во однос на гревот и праведноста и судот, и тогаш тие ќе осознаат и ќе се исповедаат дека се грешници (Јован 16:8-11).

Сепак бидејќи постојат некои случаи кога луѓето не знаат во детали што претставува гревот, па сходно на тоа и не се во можност да го отфрлат гревот и злото од нив и да ги примат одговорите од Бога, тие мораат прво да дознаат што претставува гревот во Неговите очи. Бидејќи сите болести и заболувања доаѓаат од гревовите, кога ќе погледнете назад во себе и својот живот и кога ќе го искршите ѕидот на гревот, само тогаш ќе можете да го доживеете брзото делување на исцелувањето.

Ајде да проникнеме што Писмото ни кажува во врска со тоа што претставува грев и како да го искршиме ѕидот на гревот во нас.

1. Морате Да Се Покаете За Тоа Што Не Сте Верувале Во Бога И Што Не Сте Го Прифатиле Исуса Христа.

Библијата ни кажува дека нашето неверување во Бога и не прифаќањето на Исуса Христа како наш Спасител, претставува грев (Јован 16:9). Голем број од неверниците кажуваат дека тие водат добри животи, но тие не би можеле точно тоа да го знаат бидејќи тие не го познавале Словото на вистината – светлината на Бога – па затоа не се во можност да го разликуваат доброто од лошото.

Дури и да некој е сигурен во себе дека водел добар живот, кога неговиот живот ќе се рефлектира кон вистината, која што е Словото на семоќниот Бог, кој што создал сѐ во универзумот и кој што ги контролира животот, смртта, клетвата и благословот, тогаш ќе можат да се најдат многу неправедности и невистини во него. Токму поради тоа Библијата ни кажува дека, „Нема ниту еден праведен" (Римјаните 3:10), и дека „Бидејќи преку делата на Законот ниедно телесно нешто нема да биде оправдано во Неговите очи; затоа што преку Законот доаѓа знаењето за гревот" (Римјаните 3:20).

Кога ќе го прифатите Исуса Христа и кога ќе постанете чедо Божјо, откако ќе се покаете за тоа што не сте верувале во Бога и не сте го прифаќале Исуса Христа, тогаш семоќниот Бог ќе ви стане вашиот Отец и вие поради тоа ќе ги примате одговорите за било која болест што можеби ја имате.

2. Морате Да Се Покаете За Тоа Што Не Сте Ги Сакале Вашите Браќа.

Библијата ни кажува дека „Возљубени, кога Бог така не сака, ние исто така мораме да се сакаме еден со друг" (1 Јован Богослов 4:11). Тоа не потсетува дека ние исто така мораме дури и да ги сакаме и нашите непријатели (Матеј 5:44). Ако сме ги мразеле нашите браќа, тогаш ние сме го прекршувале Словото Божјо, па сходно на тоа и сме грешеле.

Исус ја демонстрирал Својата љубов за човештвото кое што живее во гревот и злото со тоа што дал да биде распнат на крстот, па затоа ние мораме да ги сакаме нашите родители, децата и браќата и сестрите. Во Божјите очи не е праведно да мразиме и да не сме способни да дадеме прошка, водени од незначајните лоши чувства и некои недоразбирања кои што сме ги имале помеѓу себе.

Во Матеј 18:23-35, Исус ни ја дава следната парабола:

Поради оваа причина кралството небесно може да се спореди со крал кој што посакува да ја расчисти сметката со своите робови. Кога почна да ја расчистува сметката, доведоа пред него еден кој што му должел десет илјади таланти. Но бидејќи немал со што да го исплати долгот, господарот негов нареди да биде продаден, заедно со жената и децата негови и сето што го поседувал, за да се исполни наплатата. Тогаш тој слуга падна пред него кажувајќи, 'Господару, имај трпение и сѐ ќе ти платам.' Па господарот почувствува сожалување и го ослободи, простувајќи му го долгот. Но робот излезе и најде еден од неговите другари робови кој што му должел сто денарии; па го фати и почна да го дави кажувајќи му, 'Исплати ми што ми должиш.' Па неговиот другар падна ничкум пред нозете негови и почна да го моли кажувајќи му, 'Имај трпение и ќе ти платам.' Но тој не сакаше да го почека и го фрли во затвор сѐ додека не му исплати што му должел. Кога другарите негови видоа што се случи, многу се растажија и го пријавија случајот кај господарот. Тогаш господарот го повика и му кажа, 'Ти нечесен робу, јас ти го простив целиот долг бидејќи ме молеше за тоа. Не требаше ли и ти да имаш милост кон својот другар на истиот начин на кој што имав јас кон тебе?' И неговиот господар, понесен од лутината, го предаде на измачувачите сѐ додека не му го исплати сето што му го должеше. Мојот Отец небесен истото ќе ви го стори и на вас, ако секој од вас не му прости на брата си од срце.

Иако ја имаме примено прошката и милоста од нашиот Отец Бог, дали сме неспособни да ги прифатиме грешките и недостатоците на нашите браќа, туку наместо тоа сме склони кон развивањето на ривалството, создавањето непријатели, кажувањето навреди и провоцирањето едни кон други?

Бог ни кажува „Секој кој што го мрази брата си свој е убиец; а вие знаете дека во ниеден убиец не пребива вечниот живот" (1 Јован 3:15), „Мојот Отец небесен истото ќе ви го стори и на вас, ако секој од вас не му прости на брата си од срце" (Матеј 18:35), ни кажува „Не жалете се, браќа, еден на друг, за да и на вас не ви се суди; ете, Судијата стои пред вратата" (Јаков 5:9).

Ние мораме да сватиме дека ако не сме ги сакале туку сме ги мразеле нашите браќа, тогаш и ние, исто така сме згрешиле и нема да бидеме исполнети со Светиот Дух, туку исто така ќе бидеме засегнати. Затоа дури и ако нашите браќа не мразат и не разочараат, ние мораме да се трудиме да не ги мразиме и да ги разочараме за возврат, туку наместо тоа да си ги заштитиме срцата со вистината, да ги сватиме и да им простиме заради тоа. Нашите срца мораат да бидат способни да ја понудат молитвата на љубовта за таквите наши браќа и сестри. Кога ќе се разбираме, ќе си простуваме и ќе се сакаме едни со други преку помошта на Светиот Дух, тогаш и Бог исто така ќе ни го искажува Неговото сочуство и милост и ќе ги манифестира делата на исцелувањето.

3. Морате Да Се Покаете Ако Сте Се Молеле Со Алчност.

Кога Исус излекувал едно момче кое што било обземено со дух, Неговите ученици го запрашале, „Зошто ние не упеавме да го истераме?" (Марко 9:28) Исус им одговорил, „Овој вид не може со ништо друго освен со молитва да се истера" (Марко 9:29).

За да можеме да го примиме исцелувањето до еден одреден степен, молитвата и длабокото замолување мораат исто така да бидат понудени. Сепак молитвите кои што се водени од некој личен итерес нема да бидат одговорени од страна на Бога, бидејќи тие не му се угодни. Бог ни има заповедано, „Било да јадете или пиете или било што друго да правите, правете го тоа за славата на Бога" (1 Коринтјаните 10:31). Затоа намената на нашите студии и здобивањето со славата или силата, мора сето да биде за славата на Бога. Можеме да најдеме во Јаков 4:2-3, „Страсно пожелувате и немате; па извршувате убиство. Завидувате и не можете да добиете; па се препирате и борите. А немате бидејќи не прашувате. Прашувате а не добивате, бидејќи прашувате со зли мотиви, за да го трошите за ваше задоволство."

Молејќи за исцелување за да одржувате здрав живот е за славата на Бога; вие ќе го добиете одговорот кога ќе запрашате за тоа. Сепак дури и да не го примите исцелувањето иако сте запрашале за тоа, сето тоа се должи на фактот дека можеби барате нешто што не е право во вистината, иако можеби Бог сака да ви подари дури и многу поголеми нешта.

Со каков вид на молитва би можеле да му угодите на Бога? Како што Исус ни кажува во Матеј 6:33, „Барајте ги прво Неговото кралство и Неговата правда, па сите овие нешта ќе ви бидат додадени," наместо да се грижите за храната, облеката и некои слични нешта, морате прво да му угодите на Бога со нудењето на молитвите за Неговото кралство и правдина, и со молитвите за евангелизацијата и осветувањето. Дури тогаш Бог ќе ви одговори на желбите од вашите срца и ќе ви даде целосно исцелување.

4. Морате Да Се Покаете Ако Сте Се Сомневале Во Молитвата.

На Бога му се угодни молитвите каде што се покажува верата на поединецот. Во врска со ова можеме да прочитаме во Евреите 11:6, „И без вера е невозможно да му угодиме бидејќи тој што доаѓа пред Бога мора да верува дека Тој е Оној кој што ги наградува оние кои што го бараат." Јаков 1:6-7 исто така не потсетува, „Но тој мора да праша во верата без било каков сомнеж, бидејќи оној кој што се сомнева наликува на бранот од морето, носен и фрлен од ветрот. Таквиот човек не треба да очекува дека ќе добие било што од Господа."

Молитвите кои што се понудени низ сомнеж ја индицираат недовербата во семоќниот Бог, ја срамотат Неговата сила и го претставуваат како некомпетентен Бог. Во таквиот случај вие морате веднаш да се покаете, да помислите на предците на верата и вредно и ревносно да се молите за добивањето на верата со која што ќе можете да поверувате во вашите срца.

Многу пати во Библијата можеме да видиме дека Исус многу ги сака оние кои што ја поседуваат големата вера, дека ги избира таквите луѓе за Свои работници и преку нив го спроведувал своето свештенствување. Кога луѓето не биле во состојба да ја покажат својата вера, Исус им приоѓал, дури и на Неговите ученици, кажувајќи им за нивната мала вера (Матеј 8:23-27), но затоа многу ги сакал и фалел оние кои што ја имале големата вера, па дури и да биле Незнабошци (Матеј 8:10).

Како се молите и каква вера поседувате?

Центурионот во Матеј 8:5-13 му пришол на Исуса и го запрашал дали може да му излекува еден од неговите слуги кој што лежел дома парализиран, во невидени страдања. Кога Исус му кажал на центурионот, „Ќе дојдам и ќе го излекувам," (с. 7) центурионот одговорил, „Господи, не сум достоен да дојдеш под мојот кров, туку само кажи го зборот и мојот слуга ќе биде излекуван," (с. 8) и му ја покажал на Исуса неговата голема вера. Слушајќи ја оваа забелешка од страна на центурионот, Исус бил одушевен и го пофалил. „Немам најдено така голема вера кај никого во Израел" (с.

10). Слугата на центурионот бил излекуван истиот час.

Во Марко 5:21-43 е запишан случајот на вчудоневидувачкото дело на исцелувањето. Кога Исус бил покрај морето, еден од началниците од синагогата по име Јаир му пришол и паднал ничкум пред Неговите нозе. Јаир го молел Исуса, „Мојата мала ќерка е на работ на смртта; Те молам дојди и стави ги Твоите раце на неа, па така таа да оздрави и да живее" (с. 23).

Во моментот кога Исус одел заедно со Јаира, една жена која што имала крварење во текот на дванаесет години, му пришла. Таа имала страдано многу примајќи третмани од различни доктори и ја имала потрошено целата нејзина сопственост, но сепак наместо да и биде подобро, само се чувствувала сè полошо.

Жената слушнала дека Исус се наоѓа во близина и во средиштето на толпата која што го следела Исуса, таа му пришла одзади и ја допрела Неговата облека. Жената верувала, „Ако ја допрам Неговата облека ќе оздравам," (с. 28) кога жената ја ставила нејзината рака на Исусовата облека, во тој момент течењето на крвта веднаш престанало; и таа веднаш почувствувала во нејзиното тело дека е исцелена од нејзината болест. Во тој момент Исус, согледувајќи дека силата поминала низ Него, се завртел во толпата и кажал, „Кој ми ја допре облеката?" (с. 30) Кога жената се исповедала во вистината, Исус и одговорил, „Ќерко, твојата вера те направи здрава; оди во мир и биди излекувана од својата болест" (с. 34). Тој покрај благословот на исцелувањето на жената и го подарил и спасението.

Во тоа време, луѓето од куќата на Јаир дошле и му кажале, „Твојата ќерка е мртва" (с. 35). Исус го уверувал Јаира и му кажал, „Не плаши се; само верувај," (с. 36) и продолжил кон Јаировата куќа. Таму Тој им кажал на луѓето, „Детето не е мртво туку само заспано," (с. 39) и му кажал на девојчето, „'Талита, куми!' (што значи „Девојче, ти кажувам, стани!")" (с. 41). Девојчето веднаш станало и почнало да чекори.

Верувајте дека кога ќе запрашате во верата, дури и сериозните болести можат да бидат излекувани а мртвите можат да бидат оживеани. Ако до тој момент сте се молеле со сомнеж, примете го излекувањето и бидете силни со покајувањето на тој грев.

5. Морате Да Се Покаете Заради Непочитувањето На Божјите Заповеди.

Во Јован 14:21, Исус ни кажува, „Тој што ги има Моите заповеди и ги запазува е оној кој што Ме сака; а оној кој што Ме сака ќе биде сакан од Мојот Отец, и Јас ќе го сакам и ќе му се разоткријам Себеси пред него." Во 1 Јован 3:21-22 ние исто така сме потсетени, „Возљубени, ако нашите срца не нé осудат, ние ќе ја имаме самодовербата пред Бога; и што и да побараме ќе добиеме од Него, бидејќи ги запазуваме Неговите заповеди и ги правиме нештата кои што се угодни во Неговите очи." Еден грешник не може да ја има самодовербата пред Бога. Сепак ако нашите срца се чесни и безгрешни кога ќе се мерат според Словото на вистината, тогаш ние ќе можеме храбро да побараме било што од Него.

Затоа како верници во Бога, морате да ги научите и да ги сватите Десетте Заповеди, кои што ќе ви служат како прецизен опис на шеесет и шесте книги од Библијата и ќе можете да откриете колку многу вашите животи биле во непокорност кон нив.

I. Дали некогаш сум имал во срцето други богови пред Бога?

II. Дали некогаш сум направил идоли за некоја моја сопственост, за децата, за здравјето, работата и дали сум ги обожувал?

III. Дали некогаш залудно сум го употребил името на Бога?

IV. Дали секогаш сум ја запазувал светоста на Сабатот?

V. Дали секогаш сум ги почитувал моите родители?

VI. Дали некогаш сум извршил физичко или психичко убиство со омразата кон моите браќа и сестри или пак предизвикувајќи ги да извршат грев?

VII. Дали некогаш имам извршено прељуба, па дури да е

тоа и само во моето срце?

VIII. Дали некогаш сум украл нешто?

IX. Дали некогаш лажно сум сведочел против моите соседи?

X. Дали некогаш сум ја посакувал сопственоста на мојот сосед?

Како дополнение, морате секогаш да погледнувате наназад и да видите дали секогаш сте ги запазувале Божјите заповеди со тоа што сте ги сакале своите соседи како што се сакате самите себеси. Ако ги почитувате и запазувате Божјите заповеди и го замолите за нешто, тогаш Богот на силата ќе ви ги исцели сите ваши болести.

6. Вие Морате Да Се Покаете За Тоа Што Не Сте Сееле Во Бога.

Бидејќи Бог ги контролира сите нешта во универзумот, Тој воспоставил збир на закони за духовниот свет и како праведен судија Тој ги води и раководи сите нешто во согласност со нив.

Во Даниил 6, кралот Дариј бил ставен во тешка позиција кога не можел да го спаси својот сакан слуга Даниил од лавовското дувло, иако бил крал. Бидејќи тој имал донесено една уредба запишана од него, Дариј не можел да го прекрши законот кој што тој самиот го имал воспоставено. Ако тој како крал прв не го испочитувал законот или пак го извртел, тогаш кој друг би го запазил и би го послушал? Токму поради тоа, иако неговиот сакан слуга Даниил требало да биде фрлен во лавовското дувло поради сплетките на злите луѓе, тој не можел ништо да стори во врска со тоа.

Исто така и Бог не ги извртува или пак не почитува законите кои што Тој самиот ги има воспоставено, па сите нешта во универзумот се одвиваат по еден пецизен ред под Неговиот суверенитет. Затоа, „Не лажете се, Бог не дозволува да биде исмејуван; што човек ќе си посее, тоа и ќе си пожнее" (Галатјаните 6:7).

Онолку колку ќе си посеете во молитвата, толку и ќе примите како одговор и ќе духовно ќе растете, вашето внатрешно битие ќе биде зајакнато, а вашиот дух ќе биде возобновен. Ако сте болни или пак сте имале слабости, но сега го сеете вашето време во вашата љубов за Бога, вредно присуствувајќи во сите обожувачки служби, тогаш вие ќе го примите благословот на здравјето и ќе ја почувствувате промената во вашето тело. Ако богато посеете во Бога, тогаш Тој ќе ве заштити од искушенијата а исто така и ќе ви го даде и благословот на поголемото богатство.

Со сваќањето колку е важно да се посее во Бога, кога ќе ги отфрлите надежите поврзани со овој свет кој што е осуден на гниење и нестанок, а наместо тоа ќе почнете да ги ставате на купче вашите награди за небесата, во вистинската вера, тогаш семокниот Бог постојано ќе ве води во здрав живот.

Преку Словото Божјо, ние можеме да испитаме што било тоа што го создало ѕидот помеѓу Бога и човекот и зошто сме живееле во маките на болестите. Ако не сте верувале во Бога и сте страдале од заболувањата, тогаш прифатете го Исуса како ваш Спасител и почнете да го живеете животот во Христа. Не плашете се од ние кои што можат да го убијат телото. Туку наместо тоа, плашејќи се од Оној кој што може да го осуди телесното и духот на маките во пеколот, зачувајте ја вашата вера во Богот на спасението, кога ќе се соочите со прогоните од страна на вашите родители, браќата или сестрите, брачните сопружници, свекорот, свекрвата или бабата и дедото и сите други луѓе. Кога Бог ќе ја препознае вашата вера, тогаш Тој ќе почне да делува и вие ќе можете да ја добиете милоста на исцелувањето.

Ако сте верник но сепак страдате од болестите, погледнете наназад во вашиот живот, за да видите дали во вас има останато некои остатоци на злото, како што е на пример омразата, љубомората, зависта, неправедноста, нечистотијата, алчноста, злобните мотиви, убиството, расправите, озборувањата, клеветите, гордоста и некои на нив слични. Молејќи му се на Бога и примајќи ја прошката во Неговото сочувство и милост, примете ги исто така и одговорите на проблемите со вашата болест.

Голем број од луѓето се обидуваат да преговараат со Бога. Тие кажуваат дека ако Бог прво им ги излекува нивните болести и заболувања, тогаш тие ќе веруваат во Исуса и ќе го следат. Сепак, бидејќи Бог го познава центарот на срцето кај секој човек, само откако луѓето духовно ќе се исчистат, Тој ќе им ги излекува физичките болести.

Се молам во името на нашиот Господ да вие со разбирањето на фактот дека мислите на луѓето и мислите на Бога се различни, почитувајте ја прво волјата Божја, така што вашиот дух ќе може добро да оди, примајќи ги благословите за исцелувањето на вашата болест!

Глава 3

Бог Исцелител

Исход 15:26

Ако обрнуваш искрено внимание на гласот на ГОСПОДА твојот Бог, и ако го правиш она што е праведно пред очите Негови, и ако ги слушаш Неговите заповеди, и ги зачувуваш сите Негови закони, Јас нема да ти пратам ниедна од болестите кои што им ги испратив на Египјаните; бидејќи Јас, ГОСПОД сум твојот исцелител.

Зошто Човекот Се Разболува?

Иако Богот Исцелителот сака сите Негови чеда да живеат здрави животи, сепак многу од нив страдаат од болките на болестите, неспособни да го решат проблемот на болеста. Исто како што секогаш постои причина за секој резултат, исто така постои и причина за секоја од болестите. Секоја од болестите може брзо да биде излекувана кога ќе се одреди причината за неа, па затоа сите оние кои што сакаат да го примат исцелувањето мораат прво да ја одредат причината за нивните болести. Со Словото Божјо од Исход 15:26, ќе можеме да проникнеме во причината за болестите и во начините по кои што би можеле да се ослободиме од нив и да живееме здрави животи.

„ГОСПОД" е името кое што е одредено за Бога и означува „ЈАС СУМ ОНОЈ КОЈ ШТО СУМ" (Исход 3:14). Името исто така индицира дека сите други суштества се предмет на авторитетот на Најпочитуваниот Бог. Од начинот на кој што Бог се обратил кон Себе како кон „ГОСПОД, кој што ве исцелува" (Исход 15:26), ние можеме да научиме за љубовта на Бога која што не ослободува од агонијата на болеста и за силата на Бога која што не исцелува од болестите.

Во Исход 15:26, Бог ни ветува, „Ако обрнуваш искрено внимание на гласот на ГОСПОДА твојот Бог, и ако го правиш она што е праведно пред очите Негови, и ако ги слушаш Неговите заповеди, и ги зачувуваш сите Негови закони, Јас нема да ти пратам ниедна од болестите кои што им ги испратив на Египјаните; бидејќи Јас, ГОСПОД сум твојот исцелител." Па сходно на тоа, ако сте паднале болни, тоа претставува доказ за вашето невнимателно слушање на Неговиот глас, за неправилното делување кон нештата кои што се праведни во очите Негови и за недоволното обрнување на внимание кон Неговите заповеди.

Божјите чеда се граѓани на небесата, па така тие мораат да се придржуваат кон законот на небесата. Ако небесните граѓани не ги почитуваат небесните закони, Бог тогаш не може да ги заштити бидејќи гревот претставува беззаконие. (1 Јован 3:4). Тогаш силите на болеста ќе можат да се инфилтрираат, ставајќи ги непокорните чеда под маките на болеста.

Ајде во детали да ги испитаме начините според кои би можеле да паднеме болни, причините за болестите и како силата на Богот Исцелителот може да ги излекува оние кои што страдаат од болестите.

Случјот Кога Личноста Се Разболува Како Резултат На Своите Гревови

Насекаде низ Библијата можеме да прочитаме дека Бог ни кажува дека причината за болестите е гревот. Јован 5:14 кажува, „Потоа Исус го најде [човекот кој што го имаше претходно излекувано] во храмот и му кажа, 'Ете, стана здрав; немој повеќе да грешиш, за да не ти се случи нешто полошо.'" Овој стих не потсетува дека ако човекот пак направел грев, тој тогаш ќе можел да падне под уште посериозна болест од претходно и ни кажува дека причината за болестите лежи во гревот.

Во Повторени Закони 7:12-15, Бог ни ветува дека „И ќе биде така, бидејќи ги слушаш овие одлуки и ги чуваш, тогаш ГОСПОД твојот Бог ќе ги запази Неговиот завет и Неговата возљубена добрина за кои што им се беше заколнал на твоите прататковци. Тој ќе те сака и благословува и ќе те намножи; Тој исто така и ќе го благослови плодот на твојата утроба и плодот на земјата твоја, пченицата твоја и новото вино твое и елејот твој, и родот на говедата твои и младите на стадата овци твои, во земјата за која што Тој им се заколна на татковците твои дека ќе ти ја даде. Благословен ќе бидеш над сите други народи; кај тебе нема да има неплодно ниту машко ниту женско и кај луѓето и кај добитокот твој. ГОСПОД ќе ја отстрани од тебе секоја болест; и нема да стави кај тебе ниту една од опасните болести како во Египет, кои што ги знаеш, туку ќе им ги испрати на сите оние кои што те мразат." Оние луѓе кои што имаат омраза се зли и грешни, па и болестите ќе им бидат донесени врз нив.

Во Повторените Закони 28, вообичаено познати како „Поглавието На Исцелувањето," Бог ни кажува за видовите на благослови кои што ќе ги примиме кога во целост ќе му се покориме на нашиот Бог и внимателно ќе ги следиме сите Негови заповеди. Тој исто така ни кажува и за видовите на клетви кои што ќе паднат врз нас и ќе не обземат, ако не ги следиме внимателно сите Негови заповеди и одредби.

Специјално во детали се наведени типовите на болестите

на кои што ќе бидеме изложени ако не го испочитуваме Бога. Тоа се чумата; неисхранетоста; треската; воспаленијата; врелата жега и сушата; болестите на растенијата и мувлата; „чиревите како во Египет...туморите; гнојните рани; и јадеж, од кој што не може да се излечи"; лудилото; слепилото; конфузијата во умот без можност за спасение; и страдањата од болките во колената и нозете пропратени со болните чиреви кои што не можат да бидат излекувани, ширејќи се од стапалата на нозете па сé до темето на главата. (Повторени Закони 28:21-35).

Со внимателното разбирање дека причината за болестите лежи во гревот, ако сте паднале болен тогаш вие прво морате да се покаете за тоа што не сте живееле во согласност со Словото Божјо и да ја примите прошката. Откако еднаш ќе го добиете исцелувањето со тоа што ќе живеете во согласност со Словото, вие никогаш повторно не смеете да грешите.

Случајот Кога Личноста Паѓа Болна Иако Мисли Дека Не Згрешила

Некои од луѓето кажуваат дека иако немаат згрешено, тие сепак паднале болни. Но сепак ако погледнеме во Словото Божјо ќе можеме да видиме како тоа ни кажува дека ако правиме сé што е право во Божјите очи, ако внимаваме на Неговите заповеди и ако ги запазуваме сите Негови одредби, тогаш Бог нема да ни нанесе никакви болести. Ако сме паднале болни, тогаш мораме да спознаеме дека одејќи по нашиот животен пат ние сигурно немаме направено нешто како што треба и како што е праведно во Неговите очи и дека не сме ги запазиле Неговите одредби.

Кој тогаш е гревот кој што ги предизвикува болестите?

Ако една личност го употребувала своето здраво тело кое што и било дадено од Бога без самоконтрола или пак го чинела неморалот, ако не ги испочитувала Неговите заповеди, извршила некои грешки или пак водела неорганизиран живот, тогаш таа личност се става себеси во еден голем ризик од паѓањето во болест. Во оваа категорија на болести спаѓаат гастроентеричното нарушување кое што произлегува од претераниот или нерегуларен модел на исхрана, болестите на црниот дроб предизвикани од континуираното консумирање на алкохолот и цигарите и многу други видови на болести кои што се производ на прекумерната работа на своето тело.

На ова можеби не се гледа како на грев, гледано од човечка гледна точка, но во Божјите очи тоа претставува грев. Прекумерното консумирање на храната претставува грев бидејќи ја покажува алчноста на личноста и неспособноста во тоа да се внесе самоконтрола. Ако една личност паднала болна поради нерегуларниот модел на исхрана, тогаш нејзиниот грев е во тоа што таа не успеала да води живот кој што се базира на рутината или пак да го запазува времето за оброците, туку наместо тоа си го злоупотребила своето тело без никаква самоконтрола. Ако пак некој се разболел поради тоа што консумирал храна која што не била доволно припремена, тогаш неговиот грев ќе биде во тоа што бил нестрплив – и што не го направил сето тоа во согласност со вистината.

Ако една личност го употреби ножот без да води сметка за опасноста дека може да се исече, па ако се исече и потоа нејзината рана загнои, тогаш сето тоа ќе биде резултат на нејзиниот грев. Ако навистина го љубела Бога, тогаш таа личност би внимавала да не дојде до таква несреќа. Дури и да таа личност имала направено некоја грешка, Бог сепак би обезбедил некаков начин да се избегне сето тоа и бидејќи Тој делува за доброто на луѓето кои што го сакаат, телото на личноста не би било повредено. Раните и повредите би биле предизвикани поради нејзиното брзо делување а не на еден доблесен начин, а таквото делување не е праведно во Божјите очи, па сходно на тоа и делувањето на таа личност претставува грев.

Истото правило се применува и кај пиењето алкохол и пушењето. Ако една личност е свесна дека пушењето и го замаглува умот, и ги оштетува бронхиите и може да предизвика рак, но сепак не може да најде сили да прекине со пушењето, тоа претставува грев. Истото важи и за пиењето алкохол, кога личноста е свесна дека токсичноста на алкохолот може да и ги оштети цревата и да и ја влоши состојбата на внатрешните органи, но сепак не смогнува сили да го прекине тоа, сето тоа претставува грев. Тука се покажува невозможноста да се контролира себеси и се покажува алчноста на таа личност, нејзиниот недостаток од љубов за своето тело и нејзиното не следење на волјата Божја.

Како може овие активности да не бидат грев?

Дури и да не сме сигурни дека сите болести се резултат на гревот, ние сега можеме да бидеме сигурни во тоа, преиспитувајќи ги различните случаеви и споредувајќи ги со Словото Божјо. Ние секогаш мораме да му се покоруваме и да живееме според Неговото Слово, за да можеме да бидеме ослободени од маките на болестите. Со други зборови, кога го правиме она што е праведно во Неговите очи, кога внимаваме на Неговите заповеди и ги запазуваме сите Негови одредби, тогаш Тој ќе не заштити и ќе не одбрани од болестите во секое време.

Болестите Предизвикани Од Неврозите И Некои Други Ментални Пореметувања

Статистиките ни укажуваат на фактот дека бројот на луѓето кои што страдаат од неврозите и од некои други ментални пореметувања е во постојан пораст. Ако луѓето се стрпливи како што ги учи Словото Божјо и ако простуваат, сакаат и покажуваат разбирање во согласност со вистината, тогаш тие многу лесно би можеле да бидат ослободени од таквите заболувања. Сепак она зло кое што им останало во срцата ги попречува во живеењето според Словото. Менталните пореметувања и менталната болка доведува до влошувањето на состојбата на некои други делови од телото и на имуниот систем, што на крајот би довело до појавата на болести. Кога ќе го водиме животот следејќи го Словото, тогаш нашите емоции нема да можат да бидат разбранувани, ниту пак би можеле да станеме агресивни и да поттикнеме негативни чувства кај нас.

Постојат некои луѓе околу нас кои што не ни изгледаат зли туку навистина добри, но сепак тие страдаат од ваквиот вид на заболувања. Таквите луѓе се воздржуваат себеси од дури и најобичните изразувања на емоциите па тоа доведува до нивното страдање од многу посериозните болести отколку што би можеле да ги имаат оние луѓе пак кои што ги испуштаат нивниот гнев и лутина. Добрината во вистината не претставува агонија на конфликот помеѓу спротиставените емоции; тоа всушност е разбирањето помеѓу луѓето во проштевањето и љубовта и земањето угодност во самоконтролата и издржливоста.

Како дополнение на сето ова, кога луѓето свесно извршуваат некои гревови, тогаш тие можат да страдаат од менталните болести и менталната болка и деструкција. Бидејќи таквата ситуација доведува да тие не делуваат во добрината туку да што повеќе пропаѓаат во злото, тогаш нивното ментално страдање може да им создаде ментални болести. Мораме да знаеме дека неврозите и другите ментални пореметувања се само-нанесени, предизвикани од некои наши глупави и зли начини. Но дури и во таквите случаеви, Богот на љубовта ќе ги излекува сите оние кои што го бараат и кои што сакаат да го примат Неговото излекување. Уште повеќе, Тој исто така и ќе им ја даде и надежта за небесата и ќе им дозволи да престојуваат во вистинската среќа и комфорт.

Болестите Кои Што Доаѓаат Од Страна На Непријателот Ѓаволот Се Исто Така Предизвикани Поради Гревот

Некои луѓе се опседнати од страна на Сатаната и страдаат од сите болести кои што непријателот ѓаволот им ги нафрла. Сето ова им се случува бидејќи ја имаат заборавено волјата на Бога и застраниле од вистината. Причината за големиот број на луѓе кои што се болни, физички инвалидизирани и обземени од страна на демоните во некои семејства, лежи во фактот дека Бог ги презира оние фамилии кои што обожуваат идоли.

Во Исход 20:5-6 можеме да прочитаме, „Нема да ги обожувате, ниту да им служите; бидејќи Јас, ГОСПОД твојот Бог сум љубоморен Бог, делувајќи на децата поради беззаконијата на татковците, на третата и четвртата генерација од оние кои што Ме мразат, но исто така покажувам љубезност кон илјадниците кои што Ме сакаат и ги запазуваат Моите заповеди." Тој ни дава една специјална заповест, забранувајќи ни да ги обожуваме идолите. Од Десетте Заповеди кои што Тој ни ги има дадено, во првие две следи – „Нема да имате други богови освен Мене" (с. 3) и „Нема да правите за себе идоли, на она што е на небото или пак на земјата, или во водата под земјата" (с. 4) – и од ова можеме многу лесно да видиме колку обожувањето на идолите му е одбивно на Бога.

Ако родителите ја прекршат волјата на Бога и почнат да ги обожуваат идолите, тогаш нивните деца природно ќе го следат нивниот пат. Ако родителите не го почитуваат Словото Божјо и прават зло, тогаш и нивните деца природно ќе го следат нивниот пат и ќе прават зло. Кога гревот на непочитувањето ќе ја достигне третата и четвртата генерација, како плата за гревот, нивните потомци ќе страдаат од болестите кои што непријателот ѓаволот ќе им ги нанесе.

Дури и во случаевите кога родителите ги почитуваат идолите а нивните деца, понесени од добрината на нивните срца го обожуваат Бога, тогаш Тој ќе ја покаже Својата љубов и милост и ќе ги благослови. Во случаевите кога луѓето во моментот страдаат од болестите кои што им биле нанесени од страна на непријателот ѓаволот поради тоа што ја имаат заборавено волјата на Бога и застраниле од патот на вистината, ако тие се покајат и се одвратат од патиштата на гревот, тогаш Богот Исцелител ќе ги исчисти и излекува. Кај некои луѓе исцелувањето ќе биде моментално; кај други ќе биде малку подоцна; а некои други Тој ќе ги излекува во согласност со растот на нивната вера. Исцелувачката работа ќе се случи во согласност со волјата на Бога: ако луѓето имаат непроменети срца во Неговите очи, тогаш тие веднаш ќе бидат исцелени; но сепак ако нивните срца се итри, тогаш тие ќе бидат исцелени подоцна.

Ние Ќе Бидеме Ослободени Од Болестите Кога Ќе Живееме Во Верата

Мојсеј бил најскромниот човек од било кого на земјата (Броеви 12:3) и му бил верен на Бога во сите Негови куќи и тој бил сметан за доверлив слуга Божји (Броеви 12:7). Библијата исто така ни кажува дека Мојсеј умрел кога бил на сто и дваесет годишна возраст, а ниту неговите очи не му биле ослабени, ниту неговата снага (Повторени Закони 34:7). Авраам бил човек кој што во целост се покорувал во верата и кој што длабоко го почитувал Бога и живеел сѐ до 175 година од својот живот (Битие 25:7). Даниил бил многу здрав иако се хранел само со зеленчук (Даниил 1:12-16), додека пак Јован Крстител бил робустен и силен иако се хранел само со скакулци и див мед (Матеј 3:4).

Човек можеби ќе се запраша како е возможно да тие луѓе бидат здрави без консумирањето на месо. Сепак кога Бог го создал човекот, Тој му кажал да се храни само со овошни плодови. Во Битие 2:16-17 Бог му кажува на човекот, "Од плодовите на дрвјата во градината можеш слободно да јадеш; но од плодот на дрвото за познавањето на доброто и на злото да не јадеш, бидејќи дента кога ќе пробаш од него, ти сигурно ќе умреш." По Адамовото непочитување, Бог направил да тој се храни само со растенијата од полето (Битие 3:18) и како што гревот продолжувал да напредува во светот, по Судот на Поплавата, Бог му кажал на Ное во Битие 9:3, "Секое живо суштество кое што се движи ќе ти биде храна; Јас ти ги давам сите, како што ти ги дадов зелените растенија." Како што човекот станувал сé позол, Бог му дозволил да јаде месо, но не од животни кои што во Неговите очи биле „одвратни" (Левит 11; Повторени Закони 14).

Во времињата на Новиот Завет, Бог во Дела 15:29 ни кажува, „Воздржувајте се од нештата принесени на жртва кон идолите и од крвта и од сите нешта кои што се задавени и од блудството; ако се ослободите од ваквите нешта, ќе ви биде добро." Тој ни дозволува да ја јадеме храната која што ќе му биде од добробит на нашето здравје и не советува да се воздржуваме од храната која што би можела да биде штетна за нас; би било во наша корист да не јадеме ниту да пиеме некоја храна која што не е угодна во Божјите очи. Како што сé повеќе ќе ја следиме волјата Божја и ќе живееме живот во верата, така нашите тела ќе стануваат сé посилни, болестите ќе не напуштат и ниедно друго заболување нема да може да не нападне.

Уште повеќе, ние нема да паѓаме болни кога ќе го живееме животот во правдата со верата, бидејќи пред две илјади години Исус Христос дошол на овој свет и го понел целиот товар во наше име. Ако веруваме дека Исус, со пролевањето на Неговата крв, не искупил од сите наши гревови и дека преку Неговото камшикување и земањето на нашите слабости (Матеј 8:17) ние ќе бидеме исцелени, сето тоа ќе се случи во согласност со нашата вера (Исаија 53:5-6; 1 Петар 2:24).

Пред да го сретнеме Бога, ние не сме ја поседувале верата. Тогаш имаме живеено живот кој што бил потрага по желбите на нашата грешна природа и имаме страдано од големиот број на разновидни болести, како резултат на нашиот грев. Кога ќе живееме во верата и ќе правиме сé во согласност со правдата, тогаш ние ќе бидеме благословени со физичкото здравје.

Ако умот ни е здрав, тогаш и телото ќе ни биде здраво. Како што ќе престојуваме во праведноста и ќе делуваме во согласност со Словото Божјо, така и нашите тела ќе стануваат исполнети со Светиот Дух. Тогаш болестите ќе не напуштат и нашите тела ќе го примат физичкото здравје, а ниту било која болест не би можела да ни се инфилтрира. Бидејќи тогаш нашите тела ќе бидат во мир, ќе ја чувствуваат светлината, радоста и здравјето, тогаш ние нема да имаме потреба за исцелување туку само ќе му ја оддаваме благодарноста на Бога за нашето здравје.

Ви пожелувам да делувате во правдата и во верата, така што да вашиот дух може да биде добар, да бидете исцелени од сите ваши болести и слабости и да го примите здравјето! Се молам во името на нашиот Господ да Бог ви ја даде огромната љубов, откако ќе го испочитувате и ќе живеете според Неговото Слово!

Глава 4

Преку Неговото Камшикување Ние Сме Биле Излекувани

Исаија 53:4-5

Тој сигурно ги зема сите наши болки, И сите наши таги ги понесе; А ние сите ценевме дека Тој не беше погоден, Поразен од Бога и казнуван. Но Тој беше прободен поради нашите злосторства, Тој беше скршен поради нашите беззаконија; Казната за нашиот мир падна на Него, И преку раните од Неговото камшикување ние станавме исцелени.

Исус Како Синот Божји Ги Исцелувал Сите Болести

Како што тече животот така и луѓето се соочуваат со различни видови на проблеми. Исто како што и морето не е секогаш мирно, исто така и во морето на животот постојат многу проблеми кои што произлегуваат од домот, работата, бизнисот, болестите, богатството и нештата слични на нив. Не би претерале ако споменувајќи ги овие проблеми во животот, кажеме дека најзначајни ни се болестите.

Без разлика колкаво богатство и знаење една личност би можела да има, ако таа биде погодена од некоја сериозна болест, тогаш сето што работела и постигнала во животот нема да претставува ништо друго освен еден меур од сапуница. Од една страна можеме да видиме дека материјалната цивилизација напредувала и дека богатствата кај луѓето се зголемиле, но со нив расте и човековата желба за здравјето. Од друга страна пак, без разлика колку и да се имаат развиено науката и медицината, новите и ретки видови на болести – против кои човечкото знаење е залудно – константно се пронаоѓаат и бројот на оние луѓе кои што страдаат од нив константно се зголемува. Можеби тоа е причината зошто сé повеќе му се посветува внимание на здравјето денеска.

Страдањата, болестите и смртта – кои што сите произлегуваат од гревот – го олицетворуваат ограничувањето на човекот. Како што тоа го има направено во времињата на Стариот Завет, така и денеска Богот Исцелител ни го покажува патот по кој што луѓето кои што веруваат во Него, можат да бидат исцелени од сите болести, преку верата во Исуса Христа. Да ја испитаме Библијата и да видиме зошто ги добиваме одговорите за проблемот со болестите и зошто водиме здрави животи со нашата вера во Исуса Христа.

Кога Исус ги запрашал Своите ученици, „Кој мислите дека сум Јас?" Симон Петар му одговорил, „Ти си Христос, Синот на живиот Бог" (Матеј 16:15-16). Овој одговор звучи навистина едноставно, но исто така едноставно ни го открива и фактот дека само Исус е Христос.

Во Неговото време, една голема толпа од луѓе постојано го пратела Исуса, бидејќи знаеле дека кога само ќе допрел некого, болните се исцелувале. Тука спаѓале и оние кои што биле опседнати од демоните, епилептичарите, парализираните и другите кои што страдале од различни видови на болести. Кога луѓето кои што страдале од грозница, кои биле сакати и слепи и сите други со други болести, ќе биле излекувани со допирот на Исуса, тогаш тие почнувале да го следат и да му служат. Колку ли чудесна морала да биде оваа глетка? По сведочењето на такви чуда и чудеса, луѓето поверувале и го прифаќале Исуса, ги добивале одговорите за нивните проблеми во животот, а болните го доживувале делото на исцелувањето. Како дополнение, исто како што Исус ги исцелувал луѓето во Неговото време, секој кој што ќе дојде пред Него може исто така да го прими исцелувањето и денес.

Човек кој што не беше многу поразличен од сакат човек, присуствуваше на Петочната Целовечерна Молитвена

Служба, набргу по основањето на мојата црква. По една сообраќајна несреќа овој човек имал примано терапија во болницата, во текот на долг временски период. Поради фактот дека тетивите во неговите колена му беа продолжени, тој беше во неможност да ги витка неговите колена, а бидејќи и мускулите кај долниот дел на нозете не можеа да му се движат, тој не можеше да чекори. Како што го слушаше Словото кое што тогаш се проповедаше, тој копнееше да го прифати Исуса Христа и беше исцелен. Кога јас искрено се помолив за тој човек, тој веднаш стана и почна да чекори и да трча. Исто како што сакатиот човек кој што бил во близината на портите на храмот кој што се нарекувал Убавина, скокнал на своите нозе и почнал да чекори, додека траела Петровата молитва (Дела 3:1-10), чудесното делување на силата Божја било манифестирано.

Ова служи како доказ дека оној кој верува во Исуса Христа и ја прима прошката во Неговото име, може во целост да биде излекуван од сите болести – па дури и да тие не можат да бидат излекувани со модерната наука – и неговото тело ќе може да биде обновено. Бог кој што бил истиот вчера, истиот е денеска а ист ќе биде и засекогаш (Евреите 13:8) делува кај луѓето кои што веруваат во Неговото Слово и кои што бараат во согласност со мерката на нивната вера и Тој исцелува различни болести, им ги отвара очите на слепите и прави да сакатите станат и проодат.

На секого кој што го има прифатено Исуса Христа му се простени гревовите и станал чедото Божјо, сега може да го живее животот во слободата.

Ајде сега во детали да разгледаме зошто секој од нас може да го живее здравиот живот, кога ќе почне да верува во Исуса Христа.

Исус Бил Камшикуван И Ја Пролеал Неговата Крв

На Неговото распетие му претходело камшикувањето од страната на Римските војници и Тој ја пролеал Неговата крв во судот на Понтиј Пилат. Римските војници од тоа време биле со робусно здравје, многу силни и добро истренирани. Тие биле војниците на царството кое што владеело со светот во тоа време. Огромната болка која што Исус ја има истрпено за време на камшикувањето додека од Него биле кинети парчиња месо, не може соодветно да биде опишана со зборови. При секој удар на камшикот, тој се обвиткувал околу Исусовото тело и му кинел дел од месото, а крвта му капела од Неговото тело.

Зошто Исус, Синот Божји кој што бил без грев, вина или маана, морал да биде камшикуван на еден толку суров начин и да ја пролее крвта за нас верниците? Во овој настан е вклучена и духовната импликација на големата длабочина и чудесното провидение на Бога.

1 Петар 2:24 ни кажува дека преку Исусовите рани ние сме биле исцелени. Во Исаија 53:5 исто така можеме да прочитаме дека преку Неговото камшикување ние сме биле

излекувани. Пред околу две илјади години, Исус Синот Божји бил камшикуван за да не искупи од агонијата на болестите а Неговата крв се пролеала за откуп на нашите гревови, или за тоа што не сме живееле по Словото Божјо. Кога ќе поверуваме во Исуса кој што бил камшикуван и кој што крварел за нас, ние веднаш ќе бидеме излекувани од болестите и исцелени. Сето ова е знак на Божјата чудесна љубов и мудрост.

Затоа ако како чедо Божјо страдате од некоја болест, тогаш покајте се за вашите гревови и верувајте во фактот дека вие веќе сте биле излекувани. Затоа „Сега верата е уверување за нештата на кои што сме се надевале, и докажување за нештата кои што не сме ги виделе" (Евреите 11:1), дури и да почувствувате болка во засегнатите делови на вашето тело, со верата со која што ќе можете да кажете, „Јас веќе бев излекуван," болестите наскоро ќе бидат исцелени.

За време на моето школување, јас имав повредено едно од моите ребра и кога тоа заздрави, одвреме навреме болката стануваше толку неподнослива, што јас чувствував проблеми дури и со дишењето. Една до две години откако го имав прифатено Исуса Христа, болката повторно ми се јавуваше кога се обидував да подигнам некои тешки предмети, па така што не можев дури да направам ниту еден чекор. Сепак бидејќи ја доживеав и поверував во силата на семоќниот Бог, јас искрено се молев, „Кога ќе се придвижев веднаш по молитвата, јас верував дека болката ќе биде исчезната и чекорев." Верував само во мојот семоќен Бог и ги имав избришано мислите за болката, па така бев во состојба да станам и да чекорам. Потоа ми се чинеше дека болката пред тоа постоела само во мојата имагинација.

Како што Исус ни кажува во Марко 11:24, „Затоа ти кажувам, сите нешта за кои што се молиш и ги бараш, веруваj дека веќе ги имаш добиено и тие ќе ти бидат дадени," ако поверуваме дека веќе сме биле излекувани, ние навистина ќе го примиме излекувањето во согласност со нашата вера. Но сепак, ако и понатаму поради преостанатата болка, мислиме дека сеуште не сме биле излекувани, тогаш болеста нема да биде изекувана. Со други зборови, само тогаш кога ќе ја искршиме рамката на нашите сопствени мисли, само тогаш сé ќе биде извршено во согласност со нашата вера.

Затоа Бог ни кажува дека грешниот ум е непријателски настроен кон Бога (Римјаните 8:7), и не повикува да ја заробиме секоја мисла и да му ја покориме на Бога (2 Коринтјаните 10:5). Понатаму во Матеј 8:17 можеме да пронајдеме дека Исус ги превземал на Себе нашите слабости и ги прележал нашите болести. Ако и понатаму си мислите 'Јас сум слаб,' тогаш вие можете само да останете слаби. Сепак без разлика колку и да бил тежок и исцрпувачки вашиот живот, ако вашите усни исповедаат, „Бидејќи во себе ја имам силата и милоста на Бога и поради тоа што Светиот Дух ме води, јас не можам да бидам исцрпен," тогаш исцрпеноста ќе избледи и вие ќе се трансформирате во една робусна здрава личност.

Ако сигурно веруваме во Исуса Христа кој што ги превземал нашите слабости и ги прележал нашите болести, ние тогаш мораме да се присетиме дека не постои причина да страдаме од болестите.

Кога Исус Ја Видел Нивната Вера

Сега кога сме излекувани од болестите преку Исусовото камшикување, единствено нешто кое што ни треба е верата со која ќе можеме да поверуваме во тоа. Голем број од луѓето денеска, кои што не верувале во Исуса Христа, доаѓаат пред Него со нивните болести. Кај некои од нив ќе се покаже излекувањето веднаш по нивното прифаќање на Исуса Христа, додека кај други пак нема да се види никаков прогрес дури ниту по повеќемесечните молитви. Втората група на луѓе има потреба да погледне наназад во своите животи и да си ја преиспита својата вера.

Според она што е претставено во Марко 2:1-12, ајде да истражиме како можел парализираниот човек и неговите четири пријатели, покажувајќи ја нивната вера, да ја принудат исцелувачката рака на Господа да го ослободи од болеста и потоа му ја оддавале славата на Бога за тоа.

Кога Исус го посетил Капернаум, новостите за Неговото доаѓање бргу се рашириле и веднаш се создала голема толпа на луѓе. Исус им го проповедал Словото Божјо – вистината – а толпата луѓе внимавала, не сакајќи да пропушти ниту збор од неа. Тогаш четирите пријатели го донеле парализираниот, кој што лежел на рогозина, но поради големата толпа луѓе не биле во можност да му се приближат на Исуса.

Тие сепак не се откажале. Наместо тоа тие се искачиле на

кровот од куќата во која што престојувал Исус, направиле дупка над Него и ја положиле долу рогозината на која што лежел болниот. Кога Исус ја видел нивната вера, Тој му кажал на парализираниот човек, „Чедо, твоите гревови ти се простени...стани, земи си ја рогозината и оди си дома," и парализираниот го примил исцелувањето на кое што искрено се надевал. Гледајќи како тој станува, си ја зема рогозината и си оди, луѓето биле вчудоневидени од таа случка и му ја оддавале славата на Бога.

Парализираниот човек страдал од така сериозното заболување што не бил во состојба воопшто да се помрднува. Кога парализираниот човек ја чул новоста за Исус, кој што им ги отварал очите на слепите, ги подигал сакатите, им помагал на лепрозните, ги истерувал демоните и лекувал многу други видови на страдања од заболувањата, очајнички сакал да го сретне Исуса. Бидејќи тој го имал доброто срце, кога парализираниот човек чул за таквата новост, тој копнеел да го сретне Исуса, откако слушнал каде ќе престојува.

Тогаш еден ден, парализираниот чул дека Исус требало да дојде во Капернаум. Можете ли да замислите колку воодушевен морал тој да биде кога ги чул новостите? Тој потоа сигурно барал некои од пријателите кои што би можеле да му помогнат, па потоа неговите пријатели кои што за среќа исто така ја имале верата, спремно го прифатиле барањето на пријателот. Поради тоа што пријателите на парализираниот човек исто така ги имаат чуено новостите за Исуса, кога ја виделе искрената желба на својот пријател да биде однесен кај Исуса, тие се согласиле со тоа.

Ако случајно пријателите на парализираниот човек го запоставиле неговото барање и ако почнале да се подбиваат со него кажувајќи му, „Како можеш да веруваш во такви нешта кога ги немаш видено со свои очи?" па тие не би сакале да поминуваат низ тие маки за да му помогнат на својот пријател. Но поради тоа што и тие исто така во себе ја имале верата, тие го донеле својот пријател на една рогозина, носејќи ја секој од нив едната од четири страни и дури и поминале низ маките да направат дупка низ кровот од куќата.

Кога тие ја виделе големата толпа која што се собрала, по долгото и мачно патување, ставени во неможност да му пријдат на Исуса поради насобраните луѓе, колку ли нервозни и обесхрабрени морале да бидат? Тие морале да запрашаат и дури и да замолат за малку простор. Поради големиот број на луѓе кои што се биле насобрале тие не можеле да видат никаков отвор и почнале да паѓаат во очајание. На крајот тие одлучиле да се искачат горе на кровот од куќата во која што престојувал Исус, да направат отвор и да го спуштат нивниот пријател кој што лежел на рогозината пред Него. На тој начин парализираниот бил во можност да му се приближи на Исуса повеќе отколку било кој друг кој што бил таму. Низ оваа приказна, ние можеме да видиме колку искрено парализираниот и неговите пријатели копнееле да отидат пред Исуса.

Мораме да обрнеме внимание на фактот дека парализираниот и неговите пријатели не отишле само така едноставно пред Исуса. Фактот дека тие поминале низ толку многу неволји со цел да го сретнат Него само по слушањето на новостите, ни кажува дека тие верувале во новостите за Него и во пораката која што ја проповедал. Уште повеќе со надминувањето на тековните тешкотии, со истрајноста и агресивното приоѓање кон Исуса, парализираниот и неговите пријатели ја покажале својата скромност со која што пристапиле кон Него.

Кога луѓето го виделе парализираниот и неговите пријатели како се качуваат на кровот од куќата и како прават отвор во него, толпата можела или да ги прекори за тоа или пак да се налути. Веројатно се случил некој настан кој што не можеме да го замислиме. За овие пет човека, ништо и никој не можел да им се попречи на нивниот пат. Откако веќе ќе го сретнат Исуса, парализираниот ќе биде исцелен и тие ќе можеле многу лесно да го поправат кровот и да ја компензираат штетата.

Денеска, меѓу големиот број на луѓе кои што страдаат од некои сериозни болести, тешко е да се најде некој пациент или пак членовите од неговата фамилија да ја покажат така големата вера. Наместо да дури и агресивно му пријдат на Исуса, тие сигурно веднаш би кажале, „Јас сум многу болен. Би сакал да одам но не сум во состојба," или пак „Тој и тој од мојата фамилија е толку слаб да не може да се помрдне." Навистина е обесхрабрувачки да се видат таквите пасивни луѓе кои што изгледа дека чекаат јаболкото од гранките да им падне во устите. Со други зборови, кај овие луѓе има недостаток на верата.

Ако луѓето ја исповедаат својта вера во Бога, мора исто

така да има и искреност со која што ќе можат да ја покажат својата вера. Еден човек не може да ги доживее делата на Бога преку верата која што е примена и складирана само како знаење. Само преку покажувањето на верата преку делата тој ќе може да ја претвори неговата вера во една жива вера и на тој начин основите на верата за од Бога дадената духовна вера, ќе може да биде изградена. Затоа како што парализираниот човек го примил Божјото дело на исцелувањето базирано на неговата вера, и ние мораме исто така да бидеме мудри и да му ја покажеме Нему основата на нашата вера – самата вера – така да ќе можеме исто така да ги водиме животите во кои што ќе можеме да ја примаме од Бога дадената духовна вера и да ги доживуваме Неговите чуда.

Вашите Гревови Ви Се Простени

Исус му кажал на парализираниот човек, кој што дошол пред него со помошта на своите пријатели, „Чедо, простени ти се гревовите," и го разрешил поблемот со гревовите. Една личност не би била во можност да ги прими одговорите од Бога ако помеѓу него и Бога постои ѕидот на гревот. Поради тоа Исус прво го решил проблемот со гревовите на парализираниот човек, кој што дошол пред Него со основата на верата.

Ако навистина ја исповедаме нашата вера во Бога, Библијата ни кажува за тоа со каков вид на однесување би требало да пристапиме пред Него и на кој начин да делуваме. Почитувајќи ги заповедите како што се, „Прави," „Не прави," „Запази," „Отфрли," и на нив слични, тогаш неправедната личност ќе се трансформира во праведна личност, или пак лажгото ќе се претвори во една искрена и вистинита личност. Кога ќе му се потчиниме на Словото на вистината, нашите гревови ќе ни бидат исчистени преку крвта на нашиот Господ и кога ќе го примиме проштевањето, тогаш Божјата заштита и одговори ќе ни пристигнат одозгора.

Сите болести произлегуваат од гревот, па така кога ќе се реши проблемот на гревот, ситуацијата во која што Божјото делување може да биде манифестирано, ќе биде воспоставена. Исто како што сијалицата се пали и машината работи кога струјата ќе влезе во нив или кога ќе влезе во анодата и ќе излезе од катодата, кога Бог ќе ја види основата на верата кај некој човек, тогаш Тој ќе ја прогласи прошката и ќе му ја даде верата одозгора на тој човек, а со тоа и потоа ќе предизвика чудо.

„Стани, земи си ја постелата и оди си дома." Колку оваа забелешка го допира срцето? Гледајќи ја верата на парализираниот човек и на неговите четири пријатела, Исус го разрешил проблемот на гревот, па парализираниот веднаш проодел. Тој по долгото прижелкување станал повторно исцелен. Со истото значење, ако посакаме да ги примиме одговорите не само за болестите туку и за било кои други проблеми кои што ги имаме, ние мораме прво да ја примиме прошката и да си ги исчистиме срцата од гревовите.

Кога луѓето ја имаат малата вера, тогаш тие можеби го барале решението за нивните проблеми со болестите, потпирајќи се на медицината и на физијатрите, но кога нивната вера ќе нарасне и ќе го љубат Бога и ќе живеат според Неговото Слово, тогаш болестите нема да можат да ги нападнат. Дури и да се случи да се разболат, кога ќе погледнат наназад во својот живот и ќе се покајат за своите гревови од длабочинта на нивните срца, кога ќе се одвратат од нивните грешни начини, тогаш тие веднаш ќе го примат исцелувањето. Знам дека голем број од вас го имале сличното искуство.

Неодамна на една постара членка од мојата црква и беше дијагностициран напукнат диск и наеднаш таа се најде во ситуација да не може да се помрдне. Таа веднаш погледна наназад во животот, се покаја и ја прими мојата молитва. На самото место се случи исцелувачкото делување на Бога и таа пак стана здрава.

Кога нејзината ќерка страдаше од пирексија, тогаш нејзината мајка свати дека нејзиното агресивно однесување всушност е коренот на страдањата кај нејзиното дете и откако се покаја за тоа, нејзиното дете повторно стана здраво.

За да може да се спаси целото човештво, кое што поради Адамовиот чин на непочитувањето било на патот кон уништувањето, Бог го испратил Исуса Христа тука на овој свет и му дозволил Нему да биде проколнат и распнат на дрвениот крст наместо нас. Затоа Библијата ни кажува,

„Нема проштевање без пролевање на крв," (Евреите 9:22) и „Проколнат е секој оној кој што виси на дрвото" (Галатјаните 3:13).

Сега кога го знаеме проблемот на болестите кои што произлегуваат од гревот, ние мораме да се покаеме за сите наши гревови и искрено да веруваме во Исуса Христа кој што не искупил за сите болести. Со таквата вера во нас ние ќе живееме здрави животи. Многу од нашите браќа денеска го доживуваат чинот на исцелувањето, сведочат за силата Божја и стануваат сведоци за живиот Бог. Ова ни покажува дека оние луѓе кои што ќе го прифатат Исуса Христа и ќе запрашаат за нешто во Негово име, на сите проблеми во врска со болестите може да им биде одговорено. Без разлика колку и да е сериозна болеста која што некоја личност ја има, кога таа во срцето верува во Исуса Христа, кој што бил камшикуван и кој што ја пролеал Неговата крв, вчудоневидувачите дела на исцелувањето ќе можат да се манифестирааат.

Верата Усовршена Преку Делата

Исто како што парализираниот човек го примил исцелувањето со помошта на своите четири пријатели кои што му ја покажале верата на Исуса, ако сакаме да ги примиме желбите на нашите срца ние мораме исто така да му ја покажеме на Бога нашата вера која што ќе биде придружена со дела, а со тоа ќе се воспостави и основата на верата. За да им се помогне на читателите во сваќањето на терминот „вера," ќе понудам едно кратко објаснување.

Во животот во Христа на една личност, „верата" може да биде поделена и објаснета во две категории. „Телесната вера" или „верата како знаење" се однесува на оној вид на вера со кој што една личност може да поверува поради гледањето на физичките докази и кога Словото кореспондира со нејзиното знаење и мисли. Спротивно на тоа, „духовната вера" е таков вид на вера со која што една личност ќе може да поверува дури и да не ги види доказите и кога Словото не кореспондира со нејзиното знаење и мисли.

Со „телесната вера," една личност може да поверува дека нешто што е видиливо било создадено само преку нешто друго кое што исто така е видливо. Со „духовната вера" која што една личност не може да ја има ако ги инкорпорира своите сопствени мисли и знаење во неа, тогаш личноста ќе може да поверува дека нешто што е видливо може да биде создадено од нешто друго кое што не е видливо. Последната спомената вера побарува да личноста ги разруши своето сопствено знаење и мисли.

Уште од раѓањето, еден немерлив износ на знаење е регистриран во мозокот кај секоја личност. Нештата кои што личноста ги гледа и слуша се регистрираат тука. Нештата кои што личноста ги научува дома и на училиште исто така ќе бидат тука регистрирани. Нештата кои што личноста ќе ги научи во различните околини и ситуации исто така ќе бидат регистрирани. Но сепак не секое знаење кое што е регистрирано е вистина, ако некое од нив е во спротивност со Словото Божјо, па тогаш личноста природно би требало да го отфрли истото. На пример, во школото една личност учи дека секое живо суштество настанало или еволуирало од едноќелиски организам во повеќеклеточен организам. Но во Библијата може да се научи дека сите живи нешата биле создадени во согласност со нивните сродни видови, од страна на Бога. Што би требало да направиме? Заблудата на теоријата на еволуцијата веќе била разоткриена од страна на науката, и со текот на времето. Како е возможно, дури и по човечко резонирање, да мајмунот еволуира во човечко суштество а жабата да еволуира во птица или пак во некој сличен вид, во временскиот распон од неколку стотици или милиони години? Дури и простата логика е на страната на создавањето.

Слично на ова, кога „телесната вера" ќе се трансформира во „духовната вера," тогаш вашите сомнежи ќе бидат отфрлени и вие тогаш ќе застанете на карпата на верата. Како дополнение, ако ја исповедате вашата вера во Бога, тогаш морате да знаете дека треба да почнете да го спроведувате во практика Словото кое што сте го складирале во себе како знаење. Ако исповедате дека верувате во Бога, тогаш морате да се прикажете себеси како светлината со тоа што ќе ја запазувате светоста на Денот посветен на Господа, да ги сакате своите соседи и да му се покорувате на Словото на вистината.

Ако паралитикот од Марко 2 останел дома, тој тогаш не би можел да биде исцелен. Сепак штом поверувал дека со доаѓањето пред Исуса ќе биде излекуван и ја покажал верата преку спроведувањето и искористувањето на секој достапен метод, паралитикот тогаш можел да го прими исцелувањето. Дури и кога една индивидуа посакува да изгради куќа и само се моли на овој начин, „Господи, верувам дека куќата ќе биде изградена," повторувајќи ги молитвите стотици или илјадници пати, тоа не може да резултира со изградбата на куќата сама од себе. Таа индивидуа ќе мора да го одработи нејзиниот дел од делувањето со припремањето на основата, копањето на земјата, припремајќи ги столбовите и сето друго; или накратко, „делата" се потребни.

Ако некој од вашата фамилија страда од некоја болест, верувајте дека Бог ќе го даде проштевањето и ќе ги манифестира делата на исцелувањето кога ќе види дека секој член од вашата фамилија е обединет во љубов, или со други зборови кога ќе го види соединувањето за кое што ќе смета дека претставува основа на верата. Некои луѓет кажуваат дека бидејќи за сé постои едно одредено време, дека и за исцелувањето ќе има едно одредено време. Сепак запомнете го фактот дека за „време" се смета кога една единка ќе ја воспостави основата на верата пред Бога.

Се молам во името на Господа да вие ги примите одговорите за вашите заболувања исто како и за сето друго што ќе побарате во молитвите и да му ја оддавате славата на Бога!

Глава 5

Силата Да Се Лекуваат Слабостите

Матеј 10:1

Исус ги повика Своите дванаесет ученика и им го даде авторитетот над нечистите духови, да можат да ги избркаат и да го излекуваат секој вид на болест и секој вид на заболување.

Силата Да Се Лекуваат Болестите И Слабостите

Постојат многу начини за да на неверниците им се докаже постоењето на живиот Бог, а лекувањето на болестите е едниот од ваквите методи. Кога луѓето кои што страдаат од некои неизлечливи и терминални болести ќе го примат изелкувањето од болестите против кои што употребата на медицинската наука е залудно, тогаш тие веќе не се во состојба да ја негираат силата на Богот Создателот и почнуваат да веруваат во таа сила и да му ја оддаваат славата.

И покрај нивното богатство, авторитет, слава и знаење, голем број на луѓето денеска не се во состојба да го решат проблемот со болестите и си заминуваат покажувајќи незадоволство. Иако голем број на болести не може да биде излекуван дури и преку највисоко развиената форма на медицинската наука, кога луѓето веруваат во семоќниот Бог, се потпираат на Него и го поставуваат проблемот со смртта во Негови раце, тогаш сите неизлечиви и терминални болести ќе може да биде излекуван. Нашиот Бог е сѐмоќен Бог, за кого ништо не е невозможно, и кој што може да создаде нешто од ништо, да направи да исушената гранка даде цветови и пупки (Броеви 17:8), и да оживува мртви (Јован 11:17-44).

Силата на нашиот Бог може навистина да ја исцели секоја болест или заболување. Во Матеј 4:23 можеме да прочитаме, „Исус одеше низ целата Галилеја, поучувајќи во нивните синагоги и прогласувајќи го евангелието на кралството, и исцелувајќи го секој вид на болест и секој вид на заболување меѓу луѓето" а во Матеј 8:17, можеме да видиме, „Ова беше за да се исполни она што беше кажано низ Исаија пророкот: 'Тој Самиот ги зема и ги понесе нашите слабости.'" Во овие пасуси, „болести," „заболувања" и „слабости" се спомнати.

На овие места, „слабости" не се однесува на некои релативно лесни болести како што се настинката или болестите од заморот. Тоа претставува една ненормална ситуација во која што функциите на телото, телесните делови или органи им биле парализирани или дегенерирани поради несреќа или грешка од нивните родители или од нив самите. На пример, оние што се неми, глуви, слепи, сакати, кои што страдале од детска парализа (поинаку позната како полио), и некои останати – кои што не можат да бидат излекувани со човечкото знаење – можат да бидат класифицирани како „слабости." Како дополнение на ситуациите кои што се предизвикани од страна на некои несреќни случаеви или грешки на нивните родители или од нив самите, како што бил случајот кај човекот кој што бил роден слеп во Јован 9:1-3, постојат некои луѓе кои што страдаат од слабостите така што славата на Бога преку нивното исцелување може да биде манифестирана. Сепак, таквите случаеви се многу ретки бидејќи повеќето од нив се предизвикани од страна на незнаењето и грешките на луѓето.

Кога луѓето ќе се покајат и ќе го прифатат Исуса Христа барајќи го и верувајќи во Бога, тогаш Тој ќе им го даде

Светиот Дух на дар. Заедно со Светиот Дух тие исто така го примаат правото да станат Божји чеда. Кога Светиот Дух е со нив, освен во некои навистина сериозни и тешки случаеви, повеќето од болестите ќе бидат исцелени. Фактот дека тие го имаат примено Светиот Дух дозволува да огнот на Светиот Дух падне на нив и да им ги изгори раните. Уште повеќе, дури и кога еден човек страда од некои сериозни болести, кога искрено се моли во верата, ѕидот на гревот помеѓу него и Бога ќе биде уништен, ќе се одврати од начините на гревот и ќе се покае, тој ќе го прими заздравувањето во согласност со неговата вера.

„Огнот на Светиот Дух" се однесува на крштевањето со огнот кој што се случува откако една личност ќе го прими Светиот Дух, и во Божјите очи е Неговата сила. Кога духовните очи на Јован Крстител биле отворени тој го опишал огнот на Светиот Дух како „крштевањето со огнот." Во Матеј 3:11, Јован Крстител кажал, „Јас ве крштевам со водата на покајанието, но Оној кој што доаѓа по мене е помоќен од мене, и јас не сум достоен ниту да му ги соблечам сандалите; Тој ќе ве крсти со Светиот Дух и огнот." Крштевањето со огнот не доаѓа во секое време туку само тогаш кога една личност ќе биде исполнета со Светиот Дух. Бидејќи огнот на Светиот Дух секогаш се спушта на оној кој што е исполнет со Светиот Дух, сите негови гревови и болести ќе бидат изгорени и тој ќе може да живее здрав живот.

Кога крштевањето со огнот ја гори причината за

заболувањето, тогаш најголемиот број на болестите се излекуваат; слабостите сепак, не можат да бидат изгорени дури ниту преку крштевањето со огнот. Тогаш како би било можно да се излекуваат слабостите?

Сите немоќи би можеле да бидат излекувани само преку од Бога дадената сила. Поради тоа во Јован 9:32-33, можеме да прочитаме „Уште од почетокот на времето не се чуло да некој успеал да му ги отвори очите на слепецот кој што бил роден како таков. Ако овој човек не беше од Бога, Тој немаше да може ништо да направи."

Во Дела 3:1-10 има една сцена во која што Петар и Јован кои што и двајцата ја имале примено силата од Бога, му помогнале на човекот кој што бил сакат од денот на неговото раѓање, просејќи во близина на храмот наречен „Убавина," и кога тој станал. Кога Петар му кажал во Стих 6, „Јас не поседувам ниту сребро ниту злато, но она што го имам ви го давам: Во името на Исуса Христа од Назарет, оди!" и го повел сакатиот земајќи му ја неоговата десна рака, а тој во еден момент се здобил со здрави нозе и глуждови, па почнал да го слави Бога. Кога луѓето го виделе овој човек кој што бил претходно сакат како оди и го слави Бога, тогаш тие биле исполнети со чувството на вчудоневидување и возбуда.

Ако една личност сака да го прими исцелувањето тогаш таа мора да ја поседува верата со која што ќе верува во Исуса Христа. Иако тој сакат човек можеби бил само еден просјак, поради тоа што верувал во Исуса Христа, тој можел да го прими исцелувањето, кога оние кои што ја имаат примено силата на Бога се молеле за него. Поради тоа Писмото ни кажува, „И во основата на верата во Неговото име, името на Исуса го зајакна овој човек кого што го гледате и знаете; и верата која што доаѓа низ Него му го има дадено совршеното здравје во ваше присуство" (Дела 3:16).

Во Матеј 10:1, изнаоѓаме дека Исус им ја дал на Своите ученици силата за борба против нечистите духови, за да можат да ги избркаат и да можат да ги исцелат сите болести и заболувања. Во времињата на Стариот Завет, Бог им ја дал силата на Неговите сакани пророци да можат да ги лекуваат слабостите, вклучувајќи го тука Мојсеја, Илија и Елисеја; во времињата на Новиот Завет, Божјата сила била со апостолите како Петар и Павле и со верните работници Стефан и Филип.

Кога еднаш некоја личност ќе ја прими силата на Бога тогаш ништо не може да биде невозможно бидејќи тогаш таа ќе може да им помага на оние кои што биле сакати, да ги исцелува оние кои што страдаат од детска парализа и да им овозможува да проодат, на слепите да прогледаат, да им ги отвори ушите на глувите и да им ги опушти јазиците на глувонемите.

Различните Начини Да Се Излекуваат Слабостите

1. Силата На Бога Го Исцелува Глувонемиот Човек

Во Марко 7:31-37 има една сцена во која што силата на Бога го излекува глувонемиот човек. Кога луѓето го донеле до Исуса овој човек и го замолиле да ја положи Неговата рака на него, Исус го земал настрана и ги ставил Неговите прсти во човековите уши. Тогаш тој исплукал и му го допрел јазикот на човекот. Тој погледнал нагоре кон небесата и низ длабока воздишка му кажал, „'Ефата!' (што значи, 'Исцели се!')" (с. 34). Веднаш човековите уши биле отворени, неговиот јазик бил опуштен и тој почнал нормално да зборува.

Дали можел Бог, кој што има создадено сѐ што се наоѓа во универзумот само преку Неговото Слово, да не го излекува човекот исто така преку Неовиот збор? Зошто Исус ги ставил Своите прсти во ушите на човекот? Бидејќи една глува личност не може да чуе звуци и комуницира преку јазикот на знаковите, овој човек не можел да биде способен да ја поседува верата на тој начин на кој што другите ја имале, дури и Исус да зборувал преку звукот. Исус знаел дека на човекот му недостасувала верата, па Тој ги ставил Своите прсти во неговите уши, па преку тој допир човекот можел да се здобие со верата со која што можел да биде излекуван. Најважниот елемент е верата со која што една личност ќе може да верува дека личноста била исцелена. Исус можел да го убие човекот со Неговиот Збор, но бидејќи човекот бил во неможност да слуша, Исус му ја засадил верата и му дозволил на тој човек да го прими исцелувањето со имплементирањето на таквиот метод.

Зошто тогаш Исус плукнал и го допрел јазикот на човекот? Фактот дека Исус плукнал ни укажува дека злиот дух предизвикал да тој човек стане нем. Ако некој плукне во вашето лице без разлог, како тогаш би можеле да го прифатите тоа? Тоа е еден акт на сквернавење и на неморалното однесување кое што во целост го дискредитира нечиниот карактер. Бидејќи поделувањето во општи услови го симболизира дисреспектот и обезвредувањето на некого, Исус исто така плукнал за да го истера злиот дух.

Во Битие можеме да најдеме дека Бог ја проколнал змијата да јаде прашина во текот на сите денови од нејзиниот живот. Ова со други зборови се однесува на Божјата клетва кон непријателот ѓаволот и Сатаната, кои што ја поттикнале змијата да од човекот направи плен, човекот кој што бил создаден од прашината. Затоа уште од времето на Адама непријателот ѓаволот се бори да од човекот направи плен и ја бара секоја можност во која што ќе може да го измачува и изеде човекот. Исто како и мувите, комарците и црвите кои што се населуваат на нечисти места, непријателот ѓаволот се населува во оние луѓе чии што срца се исполнети со гревови, со зло, со агресивност и умовите им ги прави заложници. Ние мораме да сватиме дека само оние кои што живеат и делуваат според Словото Божјо можат да бидат исцелени од болестите.

2. Силата На Бога Го Излекувала Слепиот Човек

Во Марко 8:22-25, можеме да го најдеме следното:

И дојдоа во Витсаида. И доведоа еден слеп човек кај Исуса и го молеа да го допре. Земајќи го слепиот човек за рака, Тој го донесе до селото; и откако плукна на неговите очи и ги положи рацете на него, Тој го запраша, 'Дали гледаш нешто?' И тој погледна нагоре и рече, 'Гледам луѓе, ги гледам како дрвја, како одат наоколу.' Тогаш повторно Тој ги положи рацете Негови на очите на слепиот; па тој погледна внимателно и видот му беше вратен, и почна сѐ јасно да гледа.

Кога Исус се помолил за овој слеп човек, Тој плукнал на неговите очи. Зошто тогаш овој слеп човек не прогледал првиот пат кога Исус се помолил за него, туку тоа се случило кога Тој по втор пат се помолил за него? Со Неговата сила, Исус можел да го исцели човекот во целост, но бидејќи човековата вера била толку многу мала, Исус по втор пат се помолил и му помогнал да ја добие верата. Низ оваа случка, Исус не поучува дека во случаевите кога некои луѓе не го добиваат исцелувањето во првиот обид кога ја добиваат молитвата, ние мораме за таквите луѓе да се молиме и по втор, трет па дури и четврти пат, сѐ додека во нив не се засади семето на верата, со која што ќе можат да поверуваат во исцелението.

Исус за кого што ништо не било невозможно се помолил еднаш па уште еднаш бидејќи знаел дека слепиот човек не може да биде излекуван само со неговата вера. Што треба ние да направиме? Со многу длабоко молење и молитви мораме да истраеме сé додека не го примиме исцелувањето.

Во Јован 9:6-9 е опишана случката со слепиот човек кој што го примил исцелувањето откако Исус плукнал на земјата и направил малку кал со Неговата плунка, па ја ставил калта на очите од слепиот. Зошто Исус го излекувал со плукањето на земјата, правејќи кал со Неговата плунка и ставајќи му ја на очите? Плунката тука не се однесува на нешто што е нечисто; Исус плукнал на земјата за да може да направи малку кал која што потоа му ја ставил на очите на слепиот. Исус ја направил калта со Неговата плунка исто така бидејќи таму водата била во недостаток. Кога кај децата ќе се појават чиреви настанати од каснувањето на инсектите, тогаш родителите многу пати, понесени од љубовта кон нив, ја употребуваат својата плунка за да им помогнат. Мораме да ја разбереме љубовта на нашиот Господ кој што употребувал разни начини за да им помогне на оние луѓе кои што биле со слабата вера.

Кога Исус ја ставил калта на очите од слепиот човек, тогаш човекот почнал да ја чувствува сензацијата од неа па почнал да ја добива и верата со која што ќе можел да биде излекуван. Откако Исус му ја дал верата на слепиот чија што сопствена вера била навистина мала, со Неговата сила Тој му ги отворил очите.

Исус ни кажува дека, „Ако вие луѓето не видите знаци и чудеса, вие едноставно не би поверувале" (Јован 4:48). Денеска е невозможно да им се помогне на луѓето да се здобијат со таквата вера со која што ќе можат да поверуваат во Словото од Библијата, без да бидат сведоци на некои чуда на исцелувањето и на чудесата. Во добата кога науката и човечкото знаење имаат многу напреднато, навистина е многу тешко да се добие духовната вера да се верува во невидливиот Бог. „Гледањето е верување," ние ова често го слушаме. Слично на ова, поради фактот дека верата кај луѓето ќе расте и ќе може да се случат делата на исцелувањето на еден побрз начин, кога ќе можеме да видиме некои опипливи докази за живиот Бог, „чудесните знаци и чудеса" се апсолутно потребни.

3. Силата На Бога Го Излекувала Сакатиот

Како што Исус ги има проповедано Добрите Новости и ги има излекувано луѓето кои што страдале од многу видови на болести и на заболувања, исто така и Неговите ученици ја имале манифестирано силата на Бога.

Кога Петар му заповедал на сакатиот просјак, „Во името на Исус Христос од Назарет, оди" (с. 6) и му ја земал десната рака, тогаш веднаш човековите стопала и глуждови му станале силни, па тој скокнал на нозете и почнал да чекори (Дела 3:6-10). Луѓето кои што ги виделе овие чудесни знаци и чудеса кои што биле манифестирани од страна на Петра откако ја примил Божјата сила, тогаш сè поголем број од нив почнале да веруваат во Господа. Тие дури и ги носеле болните на улиците и ги положувале на земја, на рогозини или во нивните постели, така што Петровата сенка би можела да падне на нив, кога тој ќе поминувал покрај нив. Толпите на луѓе се собирале исто така и во сите градови околу Ерусалим, носејќи ги болните и оние кои што биле измачувани од страна на демоните, па сите тие биле исцелени од него (Дела 5:14-16).

Во Дела 8:5-8 ние можеме да прочитаме, „Филип отиде до градот Самарија и им го наговести Исуса на нив. На толпите им беше кажувано што Филип има изречено, откако ги видоа и чуја знаците кои што ги има изведено. Во многу случаеви кај луѓето кои што во нив имаа нечисти духови, тие излегуваа од нив викајќи на цел глас; и многу луѓе кои што беа парализирани и сакати беа излекувани. Така имаше многу радост во тој град" (Дела 8:5-8).

Во Дела 14:8-12, читаме за сакатиот човек во стопалата, кој што бил сакат уште од неговото раѓање и кој што никогаш немал одено. Откако ја чул Павловата порака и ја добил верата со која што можел да го прими спасението, кога Павле му заповедал, „Стани на нозе!" (с. 10) тој веднаш скокнал и почнал да чекори. Оние луѓе кои што го посведочиле овој настан кажале дека „Боговите се симнале кај нас во човечка форма!" (с. 11)

Во Дела 19:11-12 можеме да прочитаме дека „Бог

изведува неверојатни нешта преку рацете на Павле, така што шамивчињата и престилките беа носени од неговото тело до болните и болестите тогаш им се исцелуваа, а злите духови ги напуштаа." Колку ли вчудоневидувачки и чудесна е силата на Бога?

Низ луѓето чии што срца ја имаат постигнато осветеноста и целосната љубов како што бил Петар, Павле и ѓаконите Филип и Стефан, силата на Бога се манифестира дури и денеска. Кога луѓето доаѓале пред Бога со вера, пожелувајќи да си ги излекуваат своите слабости, тие можеле да им бидат излекувани со примањето на молитвата од Божјите слуги, низ кои што Тој делувал.

Уште од основањето на Манмин, живиот Бог ми дозволи да манифестирам разни чудесни знаци и чудеса, да ја засадам верата во срцата на членовите од црквата и да донесам некои големи оживувања.

Еднаш имав случај на една жена која што беше субјект на злоставување од страна на нејзиниот маж кој што беше алкохоличар. Откако нејзините оптички нерви и станаа парализирани и докторите ја имаа изгубено секоја надеж, по навистина тешкото физичко малтретирање и злоставување, жената дојде во црквата Манмин, откако ги слушнала новостите за неа. Откако таа вредно партиципираше на богослужбите и искрено се молеше за нејзиното исцелување, таа го прими исцелувањето низ мојата молитва и можеше повторно да гледа. Силата на Бога во целост и ги имаше поправено оптичките нерви, кои што во еден момент изгледаа дека се изгубени засекогаш.

Во еден друг случај, имаше еден човек кој што страдаше од навистина тешките повреди на осум места од 'рбетот. Откако долниот дел од неговото тело му станал парализиран, тој бил дури и на работ од губењето на двете нозе. Откако го прифати Исуса Христа, тој можеше да ја избегне ампутацијата на нозете, но сепак мораше да се потпира на патерици. Тој почна да присуствува на состаноците во Манмин Молитвениот Центар и подоцна во Петочните Целовечерни Богослужби, откако ја прими мојата молитва тој ги отфрли своите патерици, прооде на двете нозе и одтогаш е гласник на евангелието.

Силата на Бога може во целост да ги исцели слабостите, за кои што медицинската наука нема лек. Во Јован 16:23, Исус ни ветува, „На тој ден нема ништо да Ме прашуваш. Навистина, навистина ви велам, ако го прашате мојот Отец за нешто, во Мое име, Тој ќе ви го даде тоа." Во името на Господа се молам да вие поверувате во чудесната сила на Бога, искрено да ја барате, да ги примите одговорите за сите проблеми поврзани со вашите болести и да станете гласникот кој што ќе ги носи Добрите Вести за живиот и семоќен Бог!

Глава 6

Начините На Кои Што Се Лекуваат Опседнатите Со Демони

Марко 9:28-29

Кога [Исус] дојде во куќата, Неговите ученици почнаа насамо да го прашуваат, „Зошто ние не бевме во состојба да го истераме надвор?" А Тој им кажа, „Овој вид не може да биде истеран со ништо друго освен со молитвата".

Во Последните Денови Љубовта Почнува Да Се Лади

Напредокот на модерната научна цивилизација и развитокот на индустријата донесоа материјален просперитет и им дозволија на луѓето да бараат сé повеќе комфор и корист во животот. Во исто време овие два фактора резултираа во сé поголема отуѓеност помеѓу луѓето, преплавувачката себичност, изневерување и до комплексот на инфериорност, додека љубовта се намалува и разбирањето и проштевањето помеѓу луѓето сé потешко се наоѓаат.

Како што се предвидува во Матеј 24:12, „Бидејќи безаконието ќе се зголеми, љубовта кај повеќето луѓе ќе се олади," во времето кога злото напредува а љубовта се лади, еден од најсериозните проблеми со кои што се соочува нашето општество денеска е зголемениот број на луѓето кои што страдаат од ментални пореметувања како што се нервниот слом и шизофренијата.

Менталните институции денеска изолираат голем број на пациенти кои што не се способни да водат нормални животи и сеуште немаат најдено некој соодветен лек за нив. Ако со текот на времето, по годините на третмани, нема некое подобрување кај пациентите, тогаш нивните членови од фамилијата се заморуваат и во многу случаеви ги напуштаат пациентите како да се сирачиња. Ваквите пациенти кои што живеат одделени и без фамилиите се неспособни да функционираат на еден нормален начин како сите други луѓе. Иако тие ја бараат вистинската љубов од своите сакани, бројот на луѓето кои што ја искажуваат таквата љубов кон тие индивидуи е навистина мал.

Во Библијата можеме да најдеме многу случаеви во кои што Исус ги лекува луѓето кои што се опседнати со демоните. Зошто тие случаеви биле забележани во Писмото? Како што се наближува крајот на времињата, така љубовта станува сè поладна и Сатаната сè повеќе ги измачува луѓето, предизвикувајќи кај нив ментални проеметувања и ги усвојува како чедата на ѓаволот. Сатаната ги измачува, разболува, ги прави конфузни и ги извалкува умовите на луѓето со грев и зло. Бидејќи општеството сè повеќе е натопено во гревот и злото, затоа луѓето се многу брзи во искажувањето на зависта, караниците и омразата, па дури и во убивањето на ближните. Како што ни се наближуваат последните денови, Христијаните мораат да бидат способни да ја направат разликата помеѓу вистината и невистината, да си ја зачуваат верата и да водат едни здрави животи, и во физичка и во ментална смисла.

Ајде да ја разгледаме причината која лежи зад Сатановото поттикнување и измачување, и да погледнеме во сè поголемиот број на луѓе кои што стануваат обземени од Сатаната и демоните и кои што страдаат од менталните пореметувања, во ова наше модерно општество во кое што научната цивилизација има многу напреднато.

Процесот На Станувањето Опседнат Од Страна На Сатаната

Секој човек има совест и поголемиот број на луѓе живеат и се однесуваат во согласност со нивната совест, но индивидуалните стандарди за совеста и резултатите кои што произлегуваат од тоа се разликуваат од една личност до друга. Сето ова е така бидејќи секоја личност била родена и одгледана во различни животни средини и услови. Тие имаат видено, чуено и научено различни нешта од своите родители, од домот и училиштето и имаат регистрирано различни информации.

Од една страна, Словото Божјо, кое што е вистината, ни кажува, „Не станувајте совладани од страна на злото, туку совладајте го злото со добро" (Римјаните 12:21), и не повикува, „Не и се спротиставувајте на злата личност; туку на секој кој што ќе ве удри по десниот образ, подајте му го и другиот исто така" (Матеј 5:39). Бидејќи Словото не учи на љубов и проштевање, стандардот на судење „Губењето е победување" им се развива на оние личности кои што веруваат. Ако од една страна, една личност е учена дека треба да возврати ако биде нападната, тогаш таа ќе го достигне судот кој што диктира дека отпорот е храбро дело, па тогаш избегнувањето на конфликтите е нешто што е кукавички. Три фактора – стандардот на судењето кај секоја личност, без разлика дали таа личност има водено праведен или неправеден живот, и до која мерка има направено компромиси со светот – ќе бидат факторите кои што ќе формираат различни совести кај различни луѓе.

Луѓето ги имаат живеано своите животи на различни начини па така и нивните совести се различни, а Божјиот непријател Сатаната го употребува ова за да ги искушува луѓето да живеат во согласност со грешната природа, во спротивност со она што е праведно и добро, размешувајќи во нив зли мисли и поттикнувајќи ги на грев.

Во срцата на луѓето постои еден конфликт помеѓу желбата за Светиот Дух, со кој што би живееле според законот на Бога, и желбата на грешната природа, со која што се принудени да ги бараат и посакуваат телесните желби. Токму поради тоа Бог не повикува во Галатјаните 5:16-17, „Но Јас ви кажувам, одете со Духот, и нема да ја носите желбата на телесното. А телесното ја става својата желба против Духот, а Духот својата против телесното; бидејќи тие се спротивни една на друга, за да не ги правите нештата како што сакате."

Ако живееме според желбите на Светиот Дух ќе го наследиме кралството Божјо; ако пак ги следиме желбите на грешната природа и ако не живееме според Словото Божјо, тогаш нема да го наследиме Неговото кралство. Поради тоа, Бог понатаму во Галатјаните 5:19-21 не предупредува:

> Сега делата на телесното се очигледни, а тие се: неморалот, нечистотијата, сладострастието, идолопоклонството, волшебништвото, непријате-лствата, борбеноста, љубомората, испадите на гнев, споровите, раздорите, фракциите, зависта, пијанството, безделничењето и нешта слични на овие, за кои што ве предупредувам, исто како што

ве предупредив дека оние кои што ги практикуваат овие нешта, нема да го наследат кралството Божјо.

Како тогаш луѓето стануваат опседнати од страна на демоните?

Низ мислите на една личност, Сатаната ги разбранува желбите на грешната природа во таа индивидуа, чие што срце е исполнето со грешната природа. Ако личноста не е во состојба да си го контролира својот ум и почне да делува по налогот на грешната природа, тогаш чувството за вина се населува во нејзиното срце и тогаш срцето на таа личност може да стане дури и позлобно. Кога таквото делување на грешната природа се надодава, на крајот личноста нема да биде во состојба да се контролира себеси, па ќе почне да го прави она на што Сатаната го наведува. За таквата индивидуа се кажува дека е „опседната" од страна на Сатаната.

На пример, да претпоставиме дека имаме еден мрзелив човек кој што не сака да работи, туку преферира да пие и да си го губи времето. Кај таквата индивидуа, Сатаната ќе може да го поттикне и контролира нејзиниот ум, така да таа остане во пиењето и губењето време, мислејќи за работата дека е многу мачна. Сатаната исто така и ќе ја понесе таа личност подалеку од добрината која што е вистината, ќе и ја открадне енергијата потребна за да си го развие животот, и ќе ја претвори во една некомпетентна и бескорисна личнст.

Живеејќи и однесувајќи се според мислите од Сатаната,

таквиот човек не е во состојба да му избега на Сатаната. Понатаму, како што срцето ќе му станува сé позлобно и бидејќи веќе се има оддадено на злите мисли, наместо да се обидува да си го контролира срцето, тој ќе го прави она што му е угодно. Ако сака да се разгневи, тој ќе се разгневи на свое големо задоволство; ако сака да се кара или препира, тој ќе се кара и препира колку што ќе посака; и ако посака да се напие, тој нема да биде во состојба да се заштити себеси од тој чин. Кога сето ове ќе се акумулира, од еден одреден момент па натаму, тој нема да биде во состојба да си ги контролира своите мисли и срце и ќе помисли дека сите нешта се спротивни на неговата волја. По ваквиот процес, тој може да биде опседнат од страна на демоните.

Причината За Опседнатоста Од Демоните

Постојат две главни причини поради кои што една личност може да биде поттикната од страна на Сатаната и подоцна да биде опседната од страна на деоните.

1. Родителите

Ако родителите го имаат напуштено Бога, ги обожувале идолите кои што Бог ги мрази и ги смета за одвратни, или пак ако направиле нешто што е неверојатно зло, тогаш силите на злите духови ќе се инфилтрираат во нивните деца и ако се остават непроверени, тогаш тие ќе можат да бидат опседнати од страна на демоните. Во таквите случаеви, родителите мораат да дојдат пред Бога, во целост да се покајат за нивните гревови, да се одвратат од своите грешни патишта и длабоко да го замолат Бога, во името на своите деца. Бог тогаш ќе го види центарот на срцата на родителите и ќе го манифестира делото на исцелувањето, а со тоа и разлабавувањето на синџирот на неправдата.

2. Самите

Без оглед на гревовите од родителите, една личност може да биде опседната од страна на демоните поради своите сопствени невистини, вклучувајќи го тука злото, гордоста и останатото. Бидејќи личноста не може самата да се помоли и да се покае, кога ќе ја прими молитвата од страна на слугата Божји, кој што ја манифестира Неговата сила, тогаш синџирот на неправдата ќе може да биде разлабавен. Кога демоните се истерани и кога личноста ќе стане пак разумна, таа ќе треба да биде поучувана на Словото Божјо, така што нејзиното срце, кое што еднаш било натопено во гревот и злото, ќе биде повторно избришано и ќе стане срцето на вистината.

Затоа, ако некој член од семејството или некој роднина е обземен од страна на демоните, семејството мора да назначи една индивидуа која што ќе се моли во името на таа личност. Ова мора да биде направено на тој начин, поради фактот што умот и срцето на личноста која што е опседната од демоните се контролирани од страна на демоните и тогаш таа не е во состојба ништо да направи во согласност со својата волја. Таа тогаш ниту може да се помоли, ниту да го слуша Словото на вистината; што значи дека и нема да може да живее во согласност со вистината. Поради тоа, целата фамилија или пак само една личност од фамилијата мора да се моли за неа, во љубов и сочувство, така што личноста опседната со демоните ќе може да води живот во верата. Кога Бог ќе ја види посветеноста и љубовта во фамилијата, тогаш Тој ќе го открие делото на исцелувањето. Исус ни кажа да го сакаме нашиот сосед како самите себеси (Лука 10:27). Ако сме неспособни самите да се помолиме и да се посветиме кон членот на фамилијата кој што е обземен од страна на демоните, тогаш како ќе можеме да кажеме дека ги сакаме и нашите соседи?

Кога семејството и пријателите на личноста која што е опседната од страна на демоните ќе ја утврдат причината за тоа, ќе се покајат, помолат во верата за Божјата сила, се посветат себеси во љубов и ќе го засадат семето на верата, тогаш силите на демоните ќе бидат истерани и нивните сакани ќе се трансформраат во луѓето на вистината, кои што ќе бидат заштитувани од страна на Бога во борбата против демоните.

Начините Да Се Исцелат Луѓето Кои Што Се Опседнати Од Страна На Демоните

Во многу делови од Библијата се опишани исцелувањата

на луѓето кои што биле опседнати од страна на демоните. Ајде да разгледаме како тие го примиле исцелувањето.

1. Морате Да Ги Одбиете Силите На Демоните.

Во Марко 5:1-20 можеме да прочитаме за човекот кој што бил обземен од страна на нечистиот дух. Стиховите 3-4 ни објаснуваат во врска со овој човек, кажувајќи ни, „Тој живееше помеѓу гробовите. И никој не беше во состојба да го заврзе, дури ниту со синџир; бидејќи тој често беше врзуван со окови и вериги, и синџирите беа искинати од него а прангиите искршени на парчиња, и никој не беше доволно јак да го совлада." Исто така можеме да научиме и од Марко 5:5-7, кажувајќи, „Постојано, ноќе и дење, тој викаше помеѓу гробовите и во планините, и се засекуваше со камењата. Гледајќи го Исуса од далечина, тој се стрча и му се поклони; па викајќи на цел глас тој кажа, 'Каква работа имаме ние заедно, Исусе, Сине на Највисокиот Бог? Длабоко те замолувам од страна на Бога, не мачи ме!'"

Ова било како одговор на Исусовата заповед, „Излези од овој човек, ти нечист духу!" (с. 8) Оваа сцена ни кажува дека иако луѓето не знаеле дека Исус бил Синот Божји, нечистиот дух точно знаел кој е Исус, и каква сила Тој поседува.

Исус тогаш прашал, „Кое е твоето име?" а човекот опседнат со демоните му одговорил, „Моето име е Легион, бидејќи не има повеќе" (с. 9). Тој тогаш продолжил одново и одново да го моли Исуса да не ги истерува од таа област, за да на крајот да го замоли да ги испрати во свињите. Исус не запрашал за името, не затоа што не го знаел; Тој запрашал за името како што еден судија го испитува нечистиот дух. Понатаму, „Легион" значи дека голем број на демони го држеле овој човек како заложник.

Исус му дозволил на „Легионот" да навлезе во едно крдо свињи, кои што се стрчале удолу по удолницата кон езерото и кои што потоа се удавиле. Кога ги изгонуваме демоните, ние мораме да го правиме тоа со Словото на вистината, кое што е симболизирано со водата. Кога луѓето го видоа човекот, кој што не можеше да биде излекуван со човечката сила, како целосно исцелен седи таму, облечен и со здрав разум, тие многу се исплашиле.

Како би можеле денеска да ги истераме демоните? Тие би требало да бидат истерани во името на Исуса Христа во водата, која што го симболизира Словото, или во огнот, кој што го симболизира Светиот Дух, така што тие ќе ја загубат својата сила. Но бидејќи демоните се духовни суштества, тие ќе можат да бидат истерани само кога една личност со сила која што му е дадена да истерува демони, се моли. Кога една индивидуа која што нема вера се обидува да ги истера, демоните тогаш ќе ја омаловажуваат или пак ќе ја исмеваат таа личност. Затоа за да успееме во исцелувањето на некоја личност која што е опседната од демоните потребно е да некој човек Божји, кој што ја има силата да ги истера, да се моли за неа.

Сепак, повремено може да се случи демоните да не бидат

истерани дури ниту кога некој човек на Бога ги истерува во името на Исуса Христа. Причината лежи во тоа што таа индивидуа која што е опседната од демоните хулела или зборувала нешто против Светиот Дух (Матеј 12:31; Лука 12:10). Исцелувањето не може да се манифестира кај некои луѓе кои што се опседнати од демоните, бидејќи тие намерно продолжуваат да грешат откако го имаат примено знаењето на вистината (Евреите 10:26).

Понатаму во Евреите 6:4-6 наоѓаме, „Во случајот со оние кои што веќе еднаш биле просветлени, го искусиле небесниот дар и станале соучесници на Светиот Дух, и го имаат искусено и добриот збор на Бога и силата на времињата кои што треба да дојдат, па повторно паднале, за нив е невозможно да бидат обновени во покајанието, бидејќи тие уште еднаш го распнуваат Синот Божји и го ставаат на отворен срам."

Сега кога го научивме сето ова, мораме да се заштитуваме себеси така да никогаш не ги извршуваме гревовите, за кои што не можеме да добиеме проштевање. Исто така мораме да бидеме способни да ја направиме разликата во вистината, дали некоја личност која што е опседната со демоните може да биде исцелана со молитвата.

2. Наоружајте Се Себеси Со Вистината.

Откако еднаш демонте ќе бидат истерани од нив, луѓето треба да си ги наполнат срцата со животот и вистината вредно читајќи го Словото Божјо, искажувајќи ја пофалбата кон Бога и молејќи се постојано. Дури и да бидат демоните истерани, ако луѓето продолжат да го живеат животот во гревот, без да се наоружаат себеси со вистината, истераните демони ќе се вратат во нив и овој пат тие ќе бидат придружувани со некои други демони кои што се дури уште позлобни. Запаметете дека ситуацијата кај луѓето ќе биде многу полоша од првиот пат кога демоните навлегле во личностите.

Во Матеј 12:43-45, Исус ни го кажува следното:

Кога нечистиот дух излезен од човекот проаѓа низ безводни места барајќи одмор, па не го најде. Тогаш си кажува, 'Јас ќе се вратам во мојата куќа од каде што сум дојден'; па кога ќе дојде, ако ја најде куќата ненаселена, исчистена и во ред. Тогаш оди и зема со него седум други духови уште позлобни од него и тие одат и заедно живеат таму; па ситуацијата кај тој човек станува уште полоша од првиот пат. Тоа е причината зошто исто така ќе биде и со ова зла генерација.

Демоните не смеат да бидат невнимателно истерувани. Понатаму, откако демоните ќе бидат истерани, пријателите и семејството на човекот кој што бил опседнат од страна на демоните мораат да сватат дека личноста сега побарува нега и поголема љубов од порано. Тие мораат да го пазат со посветеност и пожртвуваност за да го наоружаат со вистината сè додека не го прими целосното исцелување.

Сé Е Можно За Оној Кој Што Верува

Во Марко 9:17-27 се опишува случајот кога Исус го излекува синот на таткото кој што ја покажал големата вера, кој што бил опседнат со духот кој што му го одземал говорот и го измачувал со епилепсија. Ајде сега накратко да разгледаме како тој син го примил исцелувањето.

1. Фамилијата Мора Да Ја Покаже Својата Вера.

Синот кој што бил опишан во Марко 9 бил нем и глув уште од самото раѓање, поради опседнатоста со демоните. Тој не можел да свати ниту еден збор и комуникацијата со него била невозможна. Уште повеќе, било тешко да се одреди кога му се појавиле симптомите на епилепсијата. Затоа неговиот татко секогаш живеел во страв и агонија, со сите надежи за животот кој што го изгубил.

Тогаш таткото чул за човекот кој што доаѓал од Галилеја, кој што ги манифестирал чудата на оживувањето на мртвите и исцелувањето на различите видови на болести. Зракот на надежта почнал да го прободува очајот во кој што бил западнат. Ако новостите биле вистинити, како што верувал таткото, тогаш овој човек од Галилеја би можел да му го излекува синот исто така. Барајќи ја добрата среќа таткото го донел својот син пред Исуса и му кажал, „Но ако Ти можеш да направиш нешто, сожали се на нас и помгни ни!" (Марко 9:22)

По слушањето на татковото искрено барање, Исус кажал, „'Ако можеш?' Сè е возможно за оној кој што верува," (с. 22) и го укорил таткото за неговата мала вера. Таткото ги имал чуено новостите но сепак не поверувал во нив во своето срце. Ако таткото бил свесен дека Исус како Синот Божји бил семоќен и самата вистина, тој тогаш не би го кажал зборот „Ако." За да не научи дека е невозможно да му се угоди на Бога без верата и дека е невозможно да се примат било какви одговори без целосната вера со која што една личност ќе може да верува, Исус кажал „'Ако можеш?'" бидејќи го прекорил таткото за неговата „мала вера."

Верата во основа може да се подели на два вида. На „телесната вера" или „верата како знаење," со која една личност може да верува само кога ќе види. Видот на верата кога една личност ќе може да поверува без да види е наречен „духовна вера," „вистинска вера," „жива вера," или „верата проследена со дела." Ваквиот вид на вера може да создаде нешто од ништо. Дефиницијата на „верата" во согласност со Библијата е „Уверување за нештата на кои се надеваме, уверување за нештата кои што не се видени" (Евреите 11:1).

Кога луѓето страдаат од некои болести кои што се низлечиви од страна на човекот, тие можат да бидат излекувани ако нивните болести бидат изгорени од страна на огнот од Светиот Дух, кога ќе ја покажат нивната вера и ќе се исполнат со Светиот Дух. Ако еден почетник во животот со верата стане болен, тој може да биде излекуван кога ќе си го отвори срцето, ќе го слуша Словото и ќе ја покаже својата вера. Ако еден созреан Христијанин со вера стане болен, тој може да се излекува кога ќе се одврати од својот пат низ покајанието.

Кога луѓето страдаат од некои болести кои што се неизлечиви според модерната наука, тогаш тие мораат да ја покажат верата која што ќе биде уште поголема. Ако еден созреан Христијанин со вера падне болен, тогаш тој може да биде исцелен кога ќе си го отвори срцето, ќе се покае искинувајќи си го срцето и понудувајќи ја искрената молитва. Ако една личност која што има мала вера или пак воопшто нема вера падне болна, тогаш таа нема да биде исцелена сé додека не и се даде верата и потоа во согласност со растењето на верата, делото на исцелувањето ќе може да се манифестира.

Оние личности кои што се физички неспособни, чии што тела се деформирани и оние кои што боледуваат од некои наследни болести, можат да бидат исцелени само преку Божјото чудо. Затоа тие мораат да му ја покажат на Бога нивната посветеност и вера со која што ќе можат да го љубат и да му удоволат. Само тогаш Бог може да ја препознае нивната вера и да го манифестира исцелувањето. Кога луѓето ќе ја покажат нивната страсна љубов кон Бога – на начинот на кој што Бартимеј искрено го повикувал Исуса (Марко 10:46-52), начинот на кој што центурионот му ја покажал својата голема вера на Исуса (Матеј 8:5-13), и начинот на кој што парализираниот човек и неговите четири пријатела ја покажале верата и посветеноста (Марко 2:3-12) – тогаш Бог ќе им даде исцелување.

Слично на тоа, бидејќи луѓето кои што се обземени од

страна на демоните не можат да бидат исцелени без делата на Бога и се неспособни да ја покажат својата вера, за да можат да го донесат исцелувањето од небесата, другите членови на нивните фамилии мораат да веруваат во семоќниот Бог и да дојдат пред Него.

2. Луѓето Мораат Да Ја Поседуваат Верата Со Која Што Можат Да Веруваат.

Таткото на синот кој што долго време бил опседнат од демонот бил прекорен од страна на Исуса за неговата мала вера. Кога Исус со сигурност му кажал на тој човек, „Сите нешта се возможни за оној кој што верува" (Марко 9:23) тогаш усните на таткото ја оддале позитивната исповест, „Јас навистина верувам." Но сепак, неговата вера била ограничена со знаењето. Токму поради тоа таткото го молел Исуса, „[Помогни] му на моето неверување!" (Марко 9:24) Откако ја чул молбата на таткото, од неговото искрено срце, неговата искрена молитва и неговата вера, Исус знаел, Тој му ја дал на таткото верата со која што тој ќе можел да поверува.

Со истото значење, повикувајќи го Бога можеме да ја примиме верата со која што ќе можеме да поверуваме и со ваквиот вид на вера ние ќе постанеме спремни да ги примаме одговорите за нашите проблеми и тогаш „невозможното" ќе стане „возможно."

Откако таткото еднаш ја добил верата со која што

можел да верува, кога Исус заповедал, „Ти глув и нем духу, ти заповедам, излези од него и немој повторно да влегуваш во него," Злобниот дух го напуштил синот испуштајќи крик (Марко 9:25-27). Како што татковите усни молеле за верата со која што ќе можел да верува и ја посакувал Божјата интервенција – дури откако Исус го прекорил – Исус го манифестирал чудесното дело на исцелувањето.

Исус дури го дал одговорот и му го подарил целосното исцелување на синот кој што бил опседнат од страна на духот кој што му го заробил говорот и потоа патeл и од епилепсија, па често паѓал, со пена на усните, чкрипејќи со забите и укочувајќи се. Дали тогаш Бог не би дозволил да им оди сé добро на оние кои што веруваат во силата на Бога со која што сé е возможно и кои што живеат според Неговото Слово и не би ги повел кон здрави животи?

Набргу по основањето на Манмин, еден млад човек од провинцијата Ганг-вон ја посети црквата, откако ги имал чуено новостите за неа. Младиот човек мислел дека верно му служи на Бога, работејќи како Неделен Училишен наставник и како член во хорот. Сепак бидејќи бил многу горделив и не го истерал злото од неговото срце а наместо тоа само го акумулирал гревот, тој млад човек почнал да страда откако еден демон навлегол во неговото нечисто срце и почнал да пребива во него. Делото на исцелувањето беше манифестирано по искрената молитва и посветеноста на неговиот татко. По одредувањето на идентитетот на демонот и неговото истерување преку молитвата, на младиот човек му се појави пена на усните, се сврте на грбот и почна да оддава страшна миризба. По овој инцидент, животот на младиот човек му се обнови, откако тој се вооружа себеси со вистината, посетувајќи ја Манмин црквата. Денеска тој верно и служи на црквата во Ганг-вон и му ја оддава славата на Бога споделувајќи ја милоста на сведоштвото за неговото исцеление со голем број на луѓе.

Се молам во името на нашиот Господ да вие го разберете опсегот на Божјото делување кое што е неограничено и да сватите дека сѐ е возможно преку него, па кога во молитвата ќе барате да постанете не само благословено чедо Божјо, туку исто така и Негов негуван светец чии што работи одат добро во секое време!

Глава 7

Верата И Покорноста На Лепрозниот Нееман

2 Кралеви 5:9-10; 14

Па Нееман дојде со неговите коњи и неговите кочии и застана на прагот од вратата на куќата на Елисеја. Елисеј му испрати гласник, кажувајќи, „Оди и измиј се во Јордан седум пати, и твоето тело ќе биде возобновено и ќе бидеш чист." Така тој отиде и седум пати се натопи во Јордан, во согласност со зборот на човекот од Бога; и неговото тело беше возобновено како телото на мало дете и тој беше чист.

Генералот Нееман Лепрозниот

Во текот на нашиот живот се соочуваме со големи и мали проблеми. Понекогаш се соочуваме со некои проблеми кои што се над можностите на човекот.

Во земјата која што беше наречена Арам, северно од Израел, беше еден заповедник на армијата кој што се викаше Нееман. Тој ја имаше водено Арамовата армија во победа, кога земјата се соочуваше со критични часови. Нееман ја сакал својата земја и верно му служел на својот крал. Иако кралот имаше високо мислење за Неемана, генералот беше во мака поради тајната за која што никој друг не знаеше.

Што била причината за оваа негова мака? Нееман не бил во агонија поради тоа што немал доволно богатство или слава. Нееман се чувствувал ожалостен и не можел да најде среќа во животот бидејќи имал лепра, неизлечива болест за која што медицината во неговото време немала никаков лек.

Во Неемановото време, луѓето кои што страдале од лепра биле сметани за нечисти. Тие биле терани да живеат надвор од градските ѕидини, во изолација. Неемановото страдање било уште поподносливо, бидејќи како додаток на самата болка, имало и други проблеми кои што ја следеле оваа болест. Симптомите на лепрата вклучуваат и дамки по телото, специјално на лицето, на надворешните делови од рацете и нозете, на стапалата од нозете, како и дегенерацијата на чувствата. Во некои сериозни случаеви, веѓите, ноктите на прстите на рацете и ноктие на прстите на нозете испаѓале, па појавата на таквите личности изгледала ужасно морничава.

Тогаш еден ден, Нееман кој што бил заразен од оваа неизлечива болест и кој што бил во неможност да најде радост во животот, ги слушнал добрите новости. Од едно младо девојче кое што било заробено и донесено од Израел, која што и служела на неговата жена, слушнал за пророкот во Самарија кој што би можел да го излекува Неемана од неговата лепра. Бидејќи немало ништо што би можел да направи за да прими исцеление, Нееман му кажал на својот крал за неизлечивата болест која што ја имал и за новостите кои што ги имал чуено од слугинката на својата жена. Слушајќи ја новоста дека неговиот верен генерал може да биде излекуван од лепрата ако отиде пред пророкот во Самарија, кралот желно му помогнал на Неемана, па дури и напишал едно писмо до кралот на Израел, во името на Неемана.

Нееман отишол во Израел носејќи десет таланта сребро, шест илјади шекели злато и десет комплети облека, носејќи го и кралското писмо, во кое што пишувало, „И сега кога ова писмо ќе дојде кај вас, ете го имам испратено Неемана, мојот слуга, кај вас, за да можете да го излекувате од лепрата" (с. 6). Во тоа време Арамовата нација била појака нација од Израеловата. Читајќи го писмото кое што му го испратил кралот од Арам, кралот Израелски си ја искинал облеката и кажал, „Дали сум јас Бог? Зошто овој човек испраќа некого кај мене за да биде излекуван од лепрата? Ете како тој се обидува да започне караница со мене!" (с. 7)

Кога Израелскиот пророк Елисеј го чул овие новости, тој дошол пред кралот и кажал, "Зошто ја искинавте вашата облекаѕ? Нека тој дојде кај мене и ќе знае дека има пророк во Израелот" (с. 8). Кога кралот Израелски го испратил Неемана кај куќата на Елисеја, пророкот не се сретанал со генералот, туку само кажал да се пренесе преку неговиот гласник, „Оди и измиј се во Јордан седум пати, и твоето тело ќе биде возобновено и ќе бидеш чист" (с. 10).

Колку ли непријатно морало да се чувствува Нееман, кој што отишол со неговите коњи и кочии кај Елисејевата куќа, само за да го најде пророкот, а не чувствувајќи ниту добродошлица или состанувајќи се со него? Генералот се налутил. Тој помислил дека ако заповедникот на една армија која што е појака од Израеловата дошол на посета, пророкот морало срдечно да му пожели добредојде и да ги положи неговите раце на него. Наместо тоа, Нееман примил само еден студен прием и му било кажано да оди и да се измие во реката која што била мала и нечиста, како што била реката Јорадан.

Разгневен Нееман помислувал да се врати дома, кажувајќи, "Ете јас мислев, 'Тој сигурно ќе излезе пред мене и ќе застане и ќе го повика името на ГОСПОДА неговиот Бог, и ќе замавне со раката над местото и со тоа ќе ги излекува лепозните.' Нели се Абана и Фарпар, реките на Дамаск, подобри од сите води Израелеви? Не би можел ли да се измијам во нив и да бидам чист?" (с. 11-12) Како што се припремал за неговото патување за дома, Неемановите слуги го молеле. „Оче мој, да ти кажеше пророкот да направиш некои големи нешта, дали не би ги направил? Тогаш зошто да не направиш кога ти вели, 'Измиј се и биди чист'?" Тие го повикувале својот господар да ги испочитува инструкциите на Елисеја.

Што се случило кога Нееман се натопил себеси седум пати во реката Јордан, како што Елисеј му имаше наложено? Неговото тело станало повторно чисто како кај некое младо момче. Лепрата која што на Неемана му создавала толку голема агонија, била во целост исцелена. Кога болеста која што била неизлечива од страна на човекот била исцелена со Неемановата покорност покажана кон човекот на Бога, тогаш генералот го препознал живиот Бог и Елисеја, Божјиот човек.

По искусувањето на силата на живиот Бог – Богот Исцелителот на лепрата – Нееман отишол пак кај Елисеја, исповедајќи се, „Кога се врати пред Божјиот човек, заедно со целата негова свита и дојде и застана пред него, тој кажа, 'Гледајте сега, знам дека нема никаде на земјата Бог, освен во земјата Израелска; па ве молам да го примите дарот од вашиот слуга сега.' Но тој кажал, 'Како што ГОСПОД живее, пред кого застанувам, нема ништо да земам.' И го повикувал да го земе но тој одбил. Нееман кажал, Ако не, те молам да на твојот слуга му се дадат две мазги со товар од земјата, бидејќи твојот слуга повеќе нема да понудува жртви сепаленици ниту пак ќе нуди жртви во името на други богови, освен на ГОСПОДА," и му ја одаваше славата на

Бога (2 Кралеви 5:15-17).

Неемановата Вера И Дела

Ајде сега да ги испитаме верата и делата на Неемана, кој што го има сретнато Богот Исцелител и кој што бил излекуван од неизлечивата болест.

1. Неемановата Добра Совест

Некои луѓе спремно ги прифаќаат и веруваат во зборовите на другите луѓе, додека пак некои други се со тенденција да безусловно се сомневаат и не им веруваат на другите луѓе. Бидејќи Нееман имал добра совест, тој не ги занемарил зборовите на другите луѓе туку учтиво ги испочитувал и прифатил. Тој можел да отиде во Израел и да им се покори на инструкциите кажани од страна на Елисеја, па потоа да го прими исцелението бидејќи тој не ги запоставил туку многу внимавал и верувал во зборовите на младата слугинка која што и служела на жена му. Кога оваа млада девојка, земена како роб од Израел, и кажала на неговата жена, „Би сакала да мојот господар биде со пророкот кој што е во Самарија! Тогаш тој ќе ја излекува неговата лепра," (с. 5) Нееман и поверувал. Да претпоставиме дека вие сте во Неемановата позиција. Што би направиле вие? Дали би ги прифатиле во целост нејзините зборови?

Без оглед на напредокот на модерната медицина денеска, има многу болести против кои медицината нема лек. Ако на некого му кажете дека сте биле излекувани од некоја неизлечива болест со силата на Бога, или пак дека сте биле излекувани откако сте ја примиле молитвата, што мислите колкав број на луѓе ќе ви поверува? Нееман поверувал во зборовите на младата девојка, отишол пред својот крал барајќи ја неговата дозвола, потоа отишол во Израел и го примил исцелувањето од лепрата. Со други зборови, бидејќи Нееман ја имал добрата совест, тој можел да ги прими зборовите кои што младата девојка, евагенлизирајќи го му ги кажала и да делува во согласност со нив. Ние исто така мораме да сватиме дека кога на нас ќе ни биде проповедано евангелието, ќе можеме да ги примиме одговорите на нашите проблеми само тогаш кога ќе поверуваме во проповедта и ќе застанеме пред Бога, на начинот на кој што Нееман го сторил тоа.

2. Нееман Ги Искршил Своите Мисли

Кога Нееман отишол во Израел со помошта од својот крал и стигнал до куќата на Елисеја, пророкот кој што можел да ја излекува лепрозноста, тој тогаш го примил студениот прием. Тој тогаш очигледно му се налутил на Елисеја, кој што во очите на неверниот Нееман ја немал ниту славата ниту социјалниот статус, и не му посакал добредојде на верниот слуга на кралот од Арам, и му кажал на Неемана –

преку гласник – да се измие себеси во реката Јордан седум пати. Нееман бил разгневен бидејќи тој бил испратен лично од кралот од Арам. Понатаму, Елисеј дури не ја положил ниту неговата рака на местото туку му кажал на Неемана дека ќе може да биде излекуван кога ќе се измие себеси во реката која што била току мала и нечиста, како што е реката Јордан.

Нееман му се налутил на Елисеја и на неговото делување, за кое што немал објаснување преку своите мисли. Тој се припремал за патот кон дома, помислувајќи дека постојат многу други поголеми и почисти реки во неговата земја и дека би можел да биде исчистен ако се измие себеси во некоја од нив. Во тој момент Неемановите слуги го повикале својот господар да им се покори на Елисејовите инструкции и да се натопи себеси во реката Јордан.

Бидејќи Нееман имал добра совест, генералот не делувал во согласност со неговите мисли туку наместо тоа одлучил да ги испочитува Елисејовите инструкции и поитал кон реката Јордан. Што мислите колку од луѓето кои што биле на социјалниот статус од Неемана би се покајале и би се покориле на повиците од своите слуги или од другите луѓе, кои што биле на пониската позиција од нив?

Како што можеме да видиме во Исаија 55:8-9, „'Бидејќи Моите мисли не се ваши мисли, Ниту пак вашите патишта се Мои патишта,' изјави ГОСПОД. 'Бидејќи како што небесата се повисоко од земјата, Така се и Моите патишта повисоки од вашите патишта и Моите мисли повисоки од вашите мисли,'" кога се држиме до човечките мисли и теории, ние не можеме да му се покоруваме на Словото Божјо. Да го запаметиме крајот на кралот Саул, кој што не му се покорил на Бога. Кога ги инкорпорираме човечките мисли и не ја почитуваме волјата на Бога, тоа претставува чин на непочитување и ако ние не успееме да го препознаеме нашето непочитување, мораме да запаметиме дека Бог ќе не напушти и одбие на истиот начин на кој што кралот Саул бил напуштен од Него.

Можеме да прочитаме во 1 Самуил 15:22-23, „Самуил кажа, 'Дали ГОСПОД наоѓа толку многу радост во жртвите сепаленици Како што го има во покорувањето на гласот на ГОСПОДА? Ете, да се почитува е подобро од жртвувањето, И да се послуша е подобро од маста на овновите. Бидејќи бунтот е ист како гревот на гатањето, И непокорот е како беззаконието и идолопоклонството. Бидејќи го имаш отфрлено зборот од ГОСПОДА, Тој исто така ќе те отфрли од тоа да бидеш крал.'" Нееман размислил два пати и одлучил да си ги раскрши сопствените мисли и да ги следи инструкциите на Елисеја, Божјиот човек.

Со исто значење, ние мораме да запаметиме дека само кога ќе ги отфрлиме нашите непочитувачки срца и ќе ги трансформираме во срца на покорноста во согласност со волјата Божја, само тогаш ќе можеме да ги достигнеме желбите на нашите срца.

3. Нееман Му Се Покорил На Зборот На Пророкот

Следејќи ги инструкциите од Елисеја, Нееман отишол до реката Јордан и се измил себеси. Постоеле многу други реки кои што биле пошироки и почисти од река Јордан, но Елисејовите инструкции биле да тој отиде до таму, до реката Јордан, имале во себе духовно значење. Реката Јордан го симболизира спасението, додека водата го симболизира Словото Божјо кое што ги прочистува човечките гревови и им овозможува да го достигнат спасението (Јован 4:14). Токму поради тоа Елисеј сакал да Нееман отиде и да се измие во реката Јордан која што би го одвела до спасението. Без разлика колку многу поголеми и почисти другите реки би можеле да бидат, тие не ги водат луѓето до спасението и немаат ништо заедничко со Бога, па затоа во нивните води Божјото делување не може да се открие.

Како што Исус ни кажува во Јован 3:5, „Вистина, вистина ви велам, ако еден човек не биде роден од водата и Духот, нема да може да влезе во кралството Божјо," со измивањето во реката Јордан, се отворила патека за Неемана да ја прими прошката за неговите гревови и да го прими спасението, па така и да го сретне живиот Бог.

Зошто тогаш на Неемана му било кажано да се измие седум пати? Бројот „7" е еден комплетен број кој што ја симболизира совршеноста. Со кажувањето на Неемана да се измие себеси седум пати, Елисеј му кажувал на генералот да ја прими прошката за своите гревови и во целост да пребива во Словото Божјо. Само тогаш Бог, за кого сѐ е возможно, ќе може да го манифестира делото на исцелувањето и да ги излекува дури и неизлечивите болести.

Затоа можеме да научиме дека Нееман го примил исцелувањето од лепрата, против која и медицината и моќта на луѓето биле залудни, поради тоа што му се повинувал на зборот на пророкот. Во ова Писмо едноставно ни се кажува, „Бидејќи Словото Божјо е живо и активно и поостро од било кој двосекол меч, и продорно колку што е поделбата на душата и на духот, и на зглобовите и на срцевината, и во состојба да суди за мислите и намерите на срцето. И не постои суштество кое што може да се скрие од Неговиот поглед, туку сите нешта се отворени и положени пред Неговите очи, за кого што треба сѐ да направите" (Евреите 4:12-13).

Нееман отишол пред Бога за кого што ништо не е невозможно, ги раскршил своите мисли, се покајал и и се покорил на Неговата волја. Како што Нееман се натопил себеси седум пати во реката Јордан, Бог ја видел неговата вера, го излекувал од лепрата и Неемановото тело било возобновено и станало чисто како кај младо момче.

Со покажувањето на ова сведоштво кое што ни потврдува дека исцелувањето од лепрата било возможно само преку Неговата сила, Бог ни кажува дека неизлечливите болести можат да бидат излекувани, кога ќе му удоволиме со нашата вера, која што ќе биде проследена со дела.

Нееман Му Ја Оддава Славата На Бога

Откако Нееман бил излекуван од лепрата, тој се вратил кај Елисеја и се исповедал, „Сега знам дека не постои Бог никаде на светот освен во Израел...твојот слуга никогаш повеќе нема да прави жртви сепаленици кон други богови освен кон ГОСПОДА," (2 Кралеви 5:15) и му ја оддал славата на Бога.

Во Лука 17:11-19 има една сцена во која што десет луѓе се среќаваат со Исуса и се излекувани од лепрата. Сепак само еден од нив се вратил кај Исуса, славејќи го Бога со силен глас и се фрлил себеси пред Исусовите нозе, заблагодарувајќи му се. Стих 17-18, Исус го запрашал човекот, „Не беа ли десет кои што беа исчистени? А деветте каде се? Не се најде ли никој друг да му ја оддаде славата на Бога, освен овој странец?" Во следниот стих 19, Тој му кажува на човекот, „Стани и оди; твојата вера те направи здрав." Ако го примиме исцелувањето со силата на Бога, ние мораме не само да му ја оддаваме славата на Бога, да го прифатиме Исуса Христа и да го примиме спасението, туку исто така и да живееме според Словото Божјо.

Нееман ја имал таквата вера и дела со кои што можел да биде исцелен од лепрата, неизлечливата болест во неговото време. Тој ја имал добрата совест за да поверува во зборовите на младата девојка слугинка која што била земена како роб. Тој ја имал таквата вера да припремил скапоцени дарови за пророкот кога пошол во посета кај него. Тој го покажал делото на покорноста иако инструкциите на пророкот Елисеј се коселе со неговите сопствени мисли.

Нееман кој што бил незнабожец, страдал од неизлечлвата болест но низ неа тој го сретнал живиот Бог и го искусил делото на исцелението. Секој кој што ќе дојде пред семоќниот Бог и ќе ја покаже својата вера и дела, ќе ги прими одговорите за сите свои проблеми, без оглед колку и да тие изгледаат тешки и невозможни.

Се молам во името на Господа да вие ја поседувате скапоцената вера, да ја покажете верата со делата, да ги примите одговорите за сите ваши проблеми во животот и да станете свети оддавајќи му ја славата на Бога.

Автор:
Д-р Џерок Ли

Д-р Џерок Ли е роден во Муан, Покраина Јеоннам, Република Кореа, во 1943 година. Кога имал дваесет години, Д-р Ли почнал да страда од разни неизлечиви болести и седум години ја исчекувал смртта без надеж за оздравување. Сепак, еден ден пролетта 1974 година, сестра му го однела во црква и кога клекнал долу да се моли, Живиот Бог веднаш го излекувал од сите негови болести.

Од моментот кога Д-р Ли го запознал Живиот Бог преку тоа прекрасно искуство, го засакал Бога со сето негово срце и искреност, и во 1978 година бил повикан да биде слуга Божји. Предано се молел за да може јасно да ја разбере волјата Божја, потполно да ја исполни и да ги почитува сите Слова Божји. Во 1982 година, ја основа Манмин Централната Црква во Сеул, Кореа, и безбројните Божји дела, вклучувајќи ги чудотворните излекувања и чуда, почнале да се случуваат во неговата црква.

Во 1986, Д-р Ли беше ракоположен за свештеник на Годишното Собрание на Исусовата Сунгкјул Црква во Кореа, и четири години подоцна во 1990 година, неговите проповеди започнале да се емитуваат во Австралија, Русија, Филипините, и во многу други земји преку Радиодифузното друштво на Далечниот Исток, Азиската Станица за радиоемитување и Христијанскиот Радио Систем.

Три години подоцна во 1993, Манмин Централната Црква беше избрана како една од „50 Надобри Цркви во Светот" од страна на магазинот Христијански Свет (САД), а тој се здоби со Почесен Докторат за Богословија од Колеџот Христијанска Верба, во Флорида, САД и во 1996 со докторат по Свештеничка Служба од Кингсвеј Теолошката Семинарија, Ајова, САД.

Од 1993 година, Д-р Ли го презеде водството на светската мисија на многу крстоносни походи во странство, вклучувајќи ги Танзанија, Аргентина, Л.А., Градот Балтимор, Хаваи, Градот Њујорк во САД, Уганда, Јапонија, Пакистан, Кенија, Филипините, Хондурас, Индија, Русија, Германија, Перу, Демократска

Република Конго и Израел. Неговиот крстоносен поход во Уганда бил емитуван на Си-Ен-Ен, а на Израелскиот крстоносен поход одржан во Меѓународниот Конвенциски Центар во Ерусалим, тој го прогласи Исус Христос за Месија. Во 2002 година беше наречен „свештеникот на светот" од главните Христијански весници во Кореа за неговата работа во различните Големи Обединети Крстоносни походи во странство.

Така во може 2014 година, Манмин Централната Црква има конгрегација од повеќе од 120,000 члена. Има 10,000 локални и подрачни цркви во странство на целата земјина топка вклучувајќи 56 домашни црквени филијали во поголемите градови на Кореа, а досега се воспоставени повеќе од 123 Мисии во 23 земји, вклучувајќи ги Соединетите Држави, Русија, Германија, Канада, Јапонија, Кина, Франција, Индија, Кенија, и многу други.

До денот на ова издание, Д-р Ли има напишано 92 книги, вклучувајќи ги и бестселерите Вкусување на Вечниот Живот пред Смртта, Мојот Живот, Мојата Вера I & II, Пораката на Крстот, Мерката на Верата, Рај I & II, Пекол, и Силата на Бога. Неговите дела се преведени на повеќе од 76 јазици.

Неговите Христијански колумни се појавија во весниците Ханкук Илбо, ЈоонгАнг Дејли, Донг-А Илбо, Мунхва Илбо, Сеул Шинмун, КјунгХуанг Шинмун, Кореја Економик Дејли, Кореја Хералд, Шиса Њуз и Христијан Прес.

Д-р Ли во моментов е водач на многу мисионерски организации и здруженија: вклучувајќи го и тоа дека е Претседавач, Обединетите Свети Цркви на Исус Христос; Претседател, Манмин Светска Мисија; Постојан Претседател, Здружение на Мисијата за Христијански препород во светот; Основач, Основач & Претседател на Одборот, Глобална Христијанска Мрежа (ГХМ); Основач & Претседател на Одборот, Светска Христијанска Мрежа на Доктори (СХМД); и Основач & Претседател на Одборот, Манмин Интернационалната Семинарија (МИС).

Други моќни книги од истиот автор

Рај I & II

Детален нацрт на прекрасната животна средина во која живеат жителите на рајот и прекрасни описи на различни нивоа на небесните царства.

Мој Живот, Моја Верба I & II

Најмирисна духовна арома извлечена од животот кој цвета со една неспоредлива љубов за Бога, во средина на темни бранови, студено ропство и најдлабок очај.

Вкусување на Вечниот Живот пред Смртта

Посведочени мемоари на Д-р Церок Ли, кој се роди повторно и беше спасен од долината на сенките на смртта и кој води прекрасен примерен Христијански живот.

Мерката на Верата

Какво живеалиште, круна и награди се подготвени за вас во Рајот? Оваа книга обилува со мудрост и водство за вас да ја измерите верата и да ја култивирате најдобрата и зрела вера.

Пекол

Искрена порака до целото човештво од Бога, кој посакува ниту една душа да не падне во длабочините на Пеколот! Ќе откриете никогаш порано –откриено прикажување на суровата реалност на Долниот Ад и Пеколот.

www.urimbooks.com

www.ingramcontent.com/pod-product-compliance
Lightning Source LLC
LaVergne TN
LVHW061037070526
838201LV00073B/5073